クメール王国巡礼60か所

アンコール遺跡の謎を追う

大人の巡礼倶楽部 著

あっぷる出版社

はじめに

2020年、当時マレーシアに居住していた私は、たまたまカンボジアに仕事に来ていました。そのとき、突然ロックダウンの情報が流れたのです。新型コロナウイルスまん延防止のため、カンボジアだけでなく、東南アジアの周辺国が同時に国境を閉鎖しました。隣国のベトナムでさえも飛行機やバスは全便停止。私はMM2Hというマレーシアのロングステイビザを取得していましたが、それでもマレーシアの自宅に戻ることができませんでした。

カンボジア国民だけでなく、外国人も、滞在している場所で待機することになり、私はひとりでカンボジアに取り残されることになりました。カンボジアのロックダウンは2年6カ月に及びました。病院はどこも満床。外国人は診察の前にお金を支払うか、海外傷害保険証を見せなければなりません。病院に入りきれず、外に設けられたテントの中で苦しむ人がたくさんいました。

私は東南アジアで13年間生活していますが、ロックダウンがいつ解除されるかもわからない状態でやはり不安でした。カンボジアでは都、県ごとのコロナ感染状況によってレッド、イエロー、グリーンにゾーニングされました。さらに、マンション丸ごとロックダウンなど、非常に細かい対応がとられました。

レッドゾーン居住者はスーパーへの買い出しもできません。宅配なども停止しましたから、まさにお手上げです。軍隊による配給もありましたが、外国人居住者にはそれもありません。

私がそのとき住んでいたマンションはイエローゾーンで、週に2回までの買い出しが可能でした。

ただし、ワクチン接種3回以上という条件があり、接種していなければスーパーにもレストランにも入れず、懲役刑を含む罰金が科せられるという状況でした。私は幸い、カンボジア日本大使館と在カンボジア日本人会の尽力で、ワクチンの接種を受けることができました。

ただ、スーパーにいっても水は品切れ。困っていたら、マンションの1階にあるコンビニのお母さんが、私のところまで水を運んできてくれたのです。

これに限らず、カンボジアに閉じ込められていた間、カンボジアの人たちの親切にはほんとうに助けられました。心底、感謝しています。

後日、コンビニのお母さんのところにお孫さんが産まれ、私は日本式に出産祝い金をつつんで渡しました。お母さんはたいそう喜んでくれました。カンボジアにはそういった習慣はないそうで、説明すると興味深そうにしていました。

ロックダウンが解除されたのは、2022年8月のことでした。

コロナ渦によりカンボジアに閉じ込められた私は、そこにある種の運命を感じました。ロックダウンがゆるみ、国外移動はできませんでしたが、カンボジア国内の移動が可能になったとき、カンボジア全土を走破してみようと考えたのです。

どうせどこにも行けないならカンボジアをくまなく走ってみよう！　といった軽い気持ちでもありました。

世界的に有名なのはなんといってもアンコール・ワットですが、それ以外の遺跡はあまり知られておらず、訪れる人も少なくなります。

調べてみると、カンボジア国内だけでクメール王国の遺跡は１０００近くもありました。移動手段が限られるので、ＳＵＶ車を手に入れ、すべての遺跡をまわるという計画をたてました。といってもカンボジア全土に広がる遺跡を走破するには何カ月もかかります。最終的には3万キロを3年かけて走ることになりました。

ロックダウンが緩和され、さっそくアンコール遺跡群に行ってみると、そこに観光客の姿はありませんでした。コロナ前、アンコール遺跡群だけで年間２６０万人の外国人が訪れていた街は、暗く沈んでいました。

シェムリアップ市内のもっとも大きなホテル、ソカ・コンベンションは、それまで従業員だけで１５００人いましたが、訪れてみると15人にまで減っており、ホテル全体が真っ暗でした。

これを見て、私はなんらかの形でカンボジアの力になりたいと思いました。カンボジア人は親日的で、温和で家族思いの人が多い国です。時間がおだやかに流れ、聖地巡礼には最も適した国でもあります。

カンボジアの外国人観光客は２０１９年で６７０万人でした。隣国のタイ３９８０万人、ベトナムの１８００万人に比べてもまだまだ少ない数字です。６７０万人のうち中国人が２００万人で、日本からの旅行者は21万人となっています。

カンボジア政府は２０２０年に外国人観光客７１０万人という計画をたてましたが、コロナ渦によりほぼゼロに。２０２１年もほぼゼロの状態が続きました。２０２２年にカンボジア観光省がアンコール遺跡群への観光客誘致をはじめましたが、コロナ前の２００万人から80万人に留まっています。そのため、多くの通訳やガイドは仕事を失いました。他国同様、カンボジアの観光業も壊滅的な打撃を受けたのです。

私自身も、コロナでカンボジアに閉じ込められ、精神的なダメージを受けました。それを支えてくれたカンボジアの人たちへの感謝を、この本を書いて日本の皆さんに伝えることで、ささやかな恩返しになればと思っています。

※掲載している各データは、明記しているものを除いてすべて本書発行時のものです。

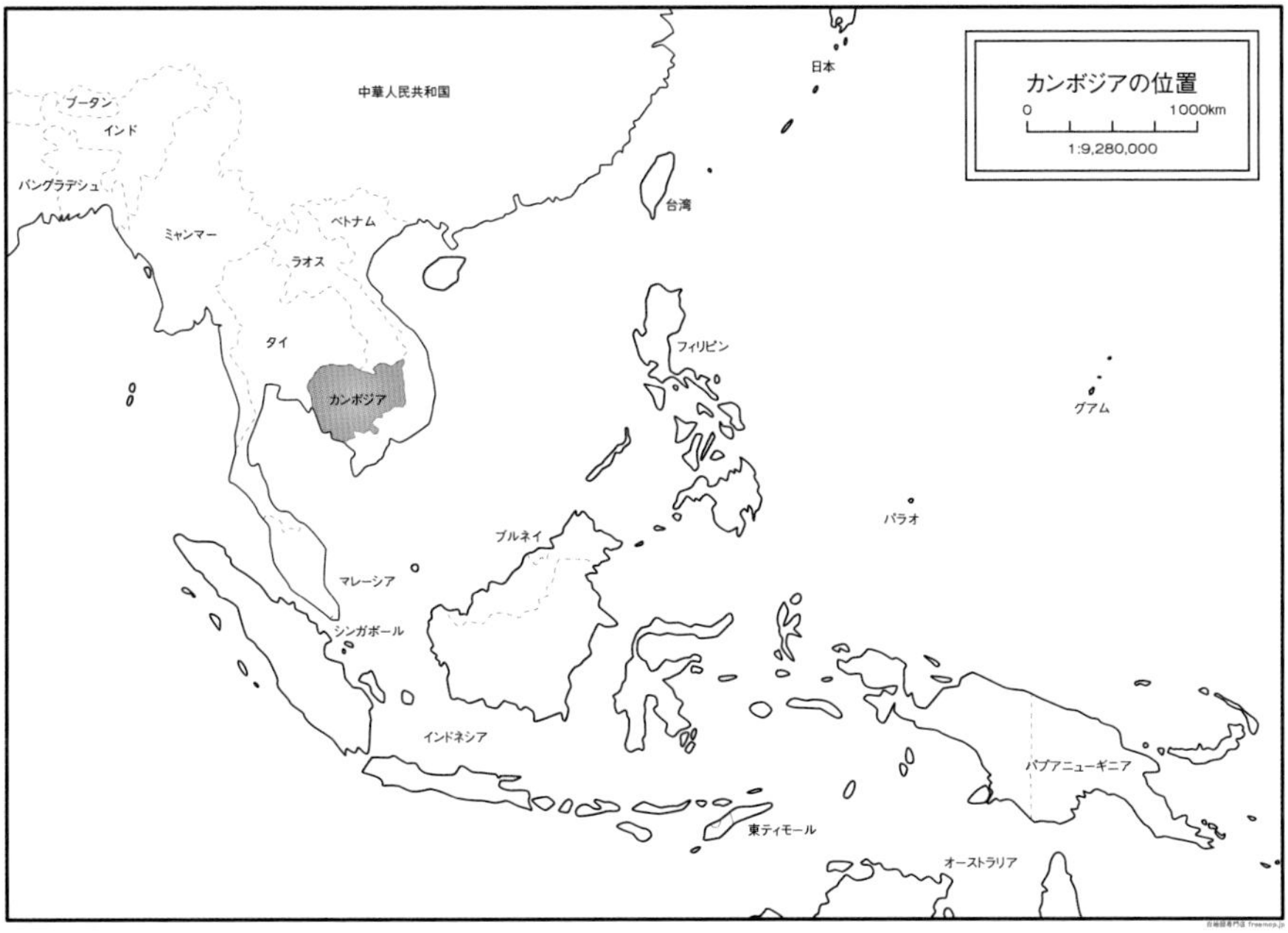
カンボジアの位置
0
1000km
1:9,280,000
日本
中華人民共和国
ブータン
インド
バングラデシュ
ミャンマー
ベトナム
ラオス
タイ
カンボジア
台湾
フィリピン
グアム
パラオ
ブルネイ
マレーシア
シンガポール
インドネシア
東ティモール
パプアニューギニア
オーストラリア

カンボジア周辺地図

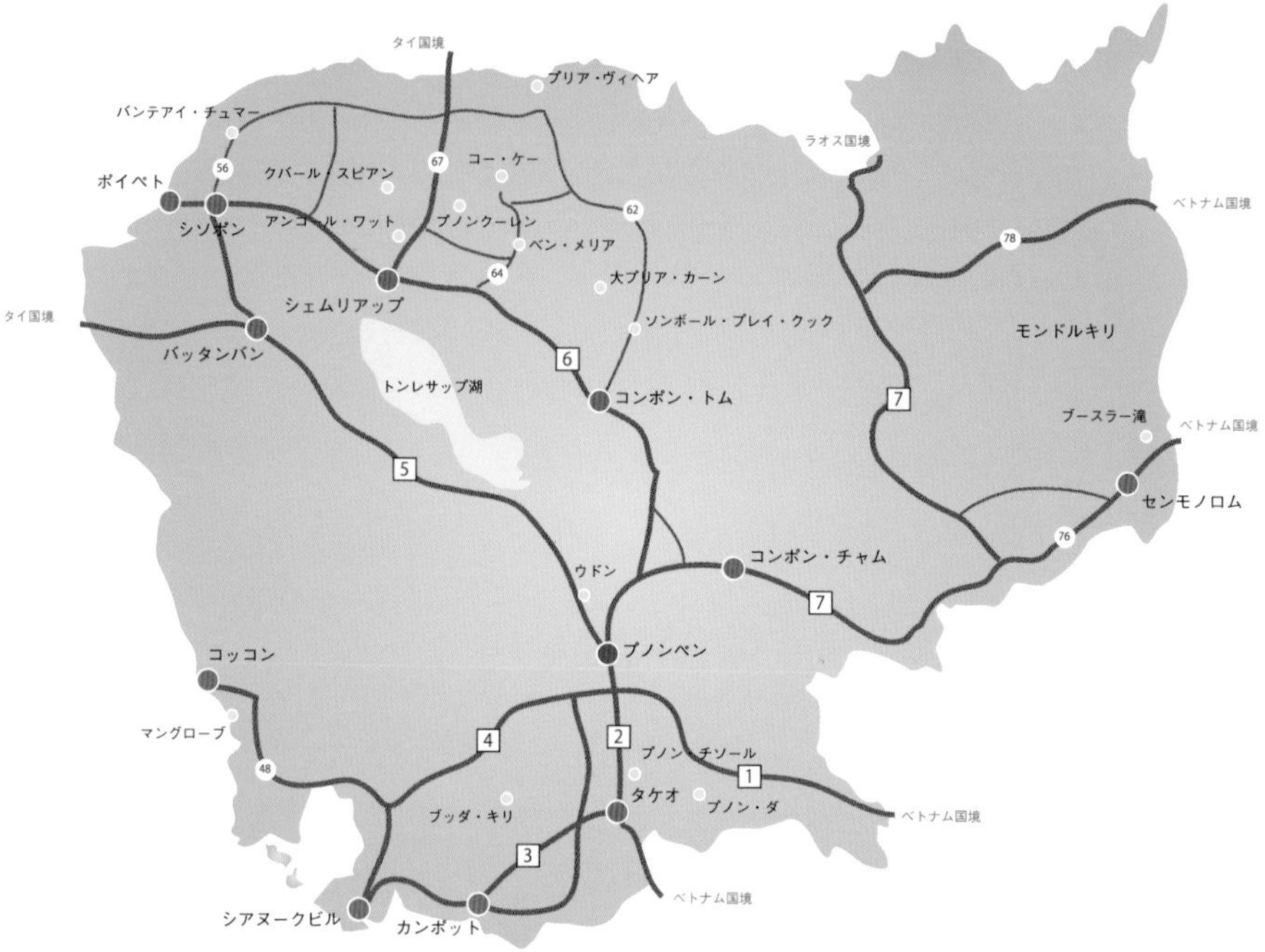
タイ国境
プリア・ヴィヘア
バンテアイ・チュマー
ラオス国境
56
67
コー・ケー
ポイペト
クバール・スピアン
62
ベトナム国境
シソポン
アンコール・ワット
プノンクーレン
ベン・メリア
78
64
大プリア・カーン
シェムリアップ
タイ国境
ソンボール・プレイ・クック
モンドルキリ
バッタンバン
6
トンレサップ湖
コンポン・トム
7
ブースラー滝
ベトナム国境
5
センモノロム
76
コンポン・チャム
ウドン
7
プノンペン
コッコン
2
マングローブ
4
プノン・チソール
1
48
ブッダ・キリ
タケオ
プノン・ダ
ベトナム国境
3
ベトナム国境
シアヌークビル
カンポット

カンボジア道路地図

目次

第1章　世界遺産と密林の五大遺跡

カンボジアの概要

カンボジアというとあまりなじみのない方もおいでかと思います。最初に、カンボジアの概要について簡単にお伝えします。

気候は熱帯モンスーン気候。1年のうちに乾季と雨季があります。乾季にはほとんど雨は降らず、雨期は午後から雷雨になるという感じです。プノンペンのベストシーズンは乾季の11月から5月で、年間最高気温は30度前後、最低気温は27度です。最も暑いのは4月から5月、降水量が多いのは8月から9月です。

また、カンボジアには地震、津波、噴火、台風などの自然災害がありません。それも、2012年に私がカンボジアで事業を立ち上げた大きな理由のひとつです。

現地通貨はリエルですが、USドルの普及率が高いので都市部ではそのまま使えます。日本との時差は2時間です。

アクセスは、コロナ前までは成田からプノンペンへの直行便があり6時間ほどで行くことができましたが、2023年時点ではシンガポール、クアラルンプール、バンコク、ホーチミンいずれかを経由します。なお、国内の移動については、プノンペンからシェムリアップまでは飛行機で行けますが、他の都市へは基本的に車を使います。主要都市間を鉄道が走っていますが、1日1本だったりします。のんびり旅行したい方はそれもいいかもしれません。

地理的にはタイ湾に面し、ベトナム、ラオス、タイに囲まれ、面積は日本のおよそ半分。人口は1650万人（2020年）。首都はプノンペンで、人口は約200万人です。正式名称はカンボジア王国で、日本と同じく立憲君主国です。よく社会主義国かと聞かれますが、東南アジアではラオスとベトナムだけが社会主義国です。

宗教は、大半が仏教徒です。民族的にはおよそ90パーセントがカンボジア人です。

国家元首はノロドム・シハモニ国王で、国会議員は選挙で選ばれます。2023年まで38年間に渡ってフン・セン氏が首相を務めましたが、同年7月に、国会議員に初当選した長男のフン・マネット氏が世襲しました。マネット氏はイギリスのブリストル大学経済博士号、アメリカのニューヨーク大学卒業、米国陸軍士官学校を卒業した初めてのカンボジア人です。米英で経済学を学んだ後にカンボジア陸軍司令官として活躍後、首相となりました。

主要幹線道路は片側2車線の舗装された道路が多く、たいていは最高速度80㎞です。2023年にはプノンペンとシアヌークビルの間に初の高速道路も開通しています。主要国道の最高速度が80㎞と書きましたが、道路標識はほとんどありません。ところどころで40㎞制限になります。私も一度止められたことがありますが、警官に聞くと市場と学校があると40㎞に制限されるとのことでした。なお、カンボジアの警官は基本的に礼儀正しく親切です。

治安については、カンボジアというと戦争、地雷、貧困、大虐殺などのネガティブなイメージをお持ちの方が多いかと思います。1990年代後半まで内戦が続いていたのも事実です。しかし2000年には法制度も整い、国は成長に向けて走り出しました。現在のGDP成長率はコロナ時を除いて6～7％を維持しています。コロナ禍の3年で、失業者対策として道路工事の公共工事対策がとられ、主要幹線道路が整備され、シェムリアップの市街地などは見違えるように綺麗になりました。平均年齢が26歳と若い国で、人々は未来への希望にあふれています。私が最初に訪れた2010年は、プノンペン中心部でも薄暗く常に後ろを振り返り、ひったくりにあわないように足早で帰宅したものです。しかし今では街も明るくなり、よほど遅い時間でなければ心配することはありません。

クメール遺跡の謎

私がカンボジア全土を訪ね、遺跡を巡礼してみようと思ったきっかけはいくつかあります。ひとつは、冒頭のように、新型コロナによるロックダウンでたくさんのカンボジア人に親切にしていただいたこと、それに対する恩返しということです。カンボジアはこれからの国といえます。豊かな国土とおだやかな人々、そして、本書で紹介する数々の遺跡に象徴される、古代から続く悠久の文化があります。それらを日本の方に紹介することで、少しでもカンボジアの役に立てればと考えたのです。

そしてもうひとつが、遺跡を巡礼するうちに、数々の謎に触れ、たくさんの疑問がわいてきたことです。

2011年当時は道路も未舗装が多く、町も暗く、不安に駆られたことを覚えています。そのとき利用したのはアンコール・ワットのバスツアーでした。現地シェムリアップは雨でとても蒸し暑く、汗だくで遺跡を見てまわりましたがあまり興味を持てず、二度と来ることはないだろうと思っていました。

建築物は確かに壮大で見事なものでしたが、なんの予習もしていなかったため、だれがなんのために建造したのか、彫刻にどんな意味があるのかわかっていませんでした。

しかし、巡礼を続けていくうちに、ろくな機械もない時代に、誰がどのようにしてこんなものすごい建造物を造ったのか。数々の精緻な彫刻にどんな意味があるのか。また、古代の戦争で破壊された遺跡も多いのですが、その壊され方があまりにも激しく、大型兵器もない時代にどのようにしてここまで破壊できたのか、などなど、さまざまな疑問がわいてきたのです。

本を読んだり、現地のガイドに聞いたりして調べていくうちに、そんな疑問を少しずつ理解していければ、と考えるようになりました。

クメールの遺跡は、ただ見るだけでも感銘を受けます。実際、その造りや数々の装飾、彫刻などすごいものです。でも、それが建てられた意味や意図、歴史的背景や宗教的意味を知ることで、より深く遺跡の世界に入っていけるのではないかと思います。だからこそ、ありきたりの観光ではない、巡礼の旅としてカンボジア全土を巡ってみることにしたのです。

そのきっかけとなった本が、上智大学教授の石澤良昭氏と上智大学アジア人材養成研究所の三輪悟氏の共著、『カンボジア 密林の五大遺跡』でした。タイトルにワクワクして一気に読みました。同書によると、密林の五大遺跡は「ソンボール・プレイ・クック」「コー・ケー」「大プリア・カーン」「ベン・メリア」「バンテアイ・チュマー」の5か所で、アンコール・ワットよりも数倍も大きいのです。

それぞれ、地方拠点として王都アンコールと結ばれていました。かつての王道は、北部方面はラオス南部のワット・プー、西北部方面はダンレーク山脈を越えてピマーイ遺跡まで、タイ中央部のスコータイ都城、南東方面へはベトナム中部のダナン、西部方面ではミャンマー国境近くのムアン・シン寺院、そしてベンガル湾のダウェー港まで途方もなく長い王道が整備されていたそうです。これを読んで、当時のアンコール王国（クメール王国）のスケールがひしひしと伝わってきました。この王道は、現在でも国道の一部、生活道路として使われています。

カンボジア国内だけでなく、かつて東南アジア最大の勢力を誇ったアンコール王国の遺跡をくまなく巡礼したいとも考えましたが、後述の理由もあり、本書では現在のカンボジア王国内を実走した体験談を中心に記載しています。

本書で紹介するのは、9世紀から14世紀にかけて、630年間に渡って繁栄を誇ったアンコール王国（802~1431年）とその前後あわせてクメール王国の遺跡群です。いまなお、繁栄の息吹を色濃く残しています。最大時で25万平方キロメートルの版図に、複雑な建築、精緻な彫刻、壮大な石碑を持つ大都城、大寺院、王宮を造営し続けた文明の歴史そのものであり、すべての建築物がかつての栄華を語り続けています。

歴史上判明しているアンコール王国時代の33人の王たちは、その権威を示すために次々と新都城や大寺院、豪華な王宮を建築する宿命を背負っていました。当時の王は世襲制ではなく、激しい王位争奪戦によって奪い取るものでした。そのために、それぞれの王は自らの正当性を国民に知らせる必要がありました。新しい国王は必ず「ヴァルマン」という称号を名乗りました。ヴァルマンには守護者といった意味があります。

なお本書では、前アンコール時代だけではなくアンコール時代、その後の王都やアンコール王国がベトナム、タイを征服した時の経緯、観光地なども掲載しています。

私自身はいつの日か、東南アジアにあるかつてのクメール王国すべての遺跡巡礼を達成したいと考えています。

世界遺産

①アンコール遺跡群（ロリュオス遺跡群を含む）1992年登録
②ソンボール・プレイ・クック 2017年7月登録
③プリア・ヴィヘア 2008年登録
④コー・ケー 2023年9月登録

アンコール遺跡群はアンコール・ワット周辺遺跡群とロリュオス遺跡群を合わせた広大な面積を指定した世界遺産です。本書では60か所の遺跡と地域を収録しました。アンコール遺跡群世界遺産を全て巡礼するには最低1週間は必要になると思います。カンボジアは亜熱帯気候で日中の気温は30度以上になりますからかなり体力が消耗します。水分補給と休憩時間を取りながら訪問してください。アンコール遺跡群と世界遺産以外はそれぞれ1日がかりで巡礼する必要があります。

密林の五大遺跡

①ベン・メリア（東のアンコール）。アンコールから北東に約70㎞。バライ（貯水池）と遺跡本体・境内周壁から成る。総面積1・56㎢

②ソンボール・プレイクック（世界遺産）。アンコールから北に約30㎞。中心部は北・中央・南の3グループから成る。総面積約15㎢

③コー・ケー（世界遺産）。アンコールから北東に約130㎞。20年間王都となっていた地方の拠点。遺跡数は約60。総面積81㎢

④大プリア・カーン。アンコールから北西約250㎞。四輪駆動車でも厳しい。アンコールから片道6時間陸の孤島 総面積23・04㎢

⑤バンテアイ・チュマー（アユタヤ王朝に対する駐屯地）。アンコールから西に約170㎞。バライと遺跡本体・2重の環濠から成る 総面積1・88㎢

以上の5遺跡を指します。世界遺産と重なっている遺跡もあります。そのため世界遺産4か所を巡礼すれば、残り3か所の密林の五大遺跡巡礼で完礼になります。

観光コースとしてはアンコール・ワット、アンコール・トム、タ・プロームとまわるのが定番ですが、もし巡礼をお考えなら、密林の五大遺跡と世界遺産制覇をおすすめしたいと思います。

アンコール遺跡群を訪れる際には、「アンコール・パス」という入場券を購入する必要があります。チケットセンターはシェムリアップ中心部から東に約5㎞離れた場所にあるチケットセンターで購入します。ソカ・シェムリアップ・リゾート&コンベンションセンターの近くです。必要なものはパスポートと現金です。

パスは3種類あり、1日券37ドル、3日券62ドル、7日券72ドルです。7日券を購入すると1か月間利用できる特典があります。その場で顔写真を撮影してアンコール・パスに印刷してくれます。

シェムリアップ州内の遺跡を管理しているのはアプサラ機構（アンコール地域遺跡保存整備機構）で外国人は滞在期間に応じたアンコール・パスを購入することになります。車で行く方はシェムリアップ市内のホテルに入る前に、飛行機の方はホテルにチェックインした後に購入すると便利ですが、2023年11月に、シェムリアップ空港が中心部から51㎞東に離れたソトニコムに移転したため、空港からホテルに行く前にチケットセンターで購入することをおすすめします。その後遺跡に行く前に遺跡ゾーン入口数か所に設置されたチェックポイントで検印（入場券に穴をあける）を受ける必要があります。

なお、このパスはアンコール遺跡群内の遺跡のみに対応しています。それ以外の地域はそれぞれ遺跡で支払う場合と窓口で滞在期間に応じた入場パスを購入する場合と様々です。行く遺跡が決まったら調べておく必要があります。本書でも各遺跡の紹介で説明していますが、特にコー・ケー遺跡群に行くときは遺跡の手前10㎞のところにチケットセンターがありますから、見逃さないよう注意が必要です。

アンコール遺跡群チケットセンター

チケット購入ブース

第2章　カンボジアの歴史

古代カンボジア

カンボジアの歴史は「扶南」（フナン）という国からはじまります。紀元前1世紀頃、香辛料や樹脂、香木、海産物などを買いつけに来ていたインド人が住みつくようになり、拠点となる町がつくられました。この国はカンボジア南部のメコンデルタ地帯に1世紀から7世紀頃まで存在しました。現在のタケオ州あたりになります。

中国の資料によると、西暦50年頃、インドからコンテンという上流貴族が来航し、現地の女王リュウヨウと結婚し、国づくりがはじまったといわれています。インド文化を取り入れた小国家として発展し、インドと中国の海上交通ルートの要衝だったこともあり、徐々に賑わうようになりました。

6世紀前半にはカオンドン・ジャヤヴァルマン（484～514年）が、初の首都をアンコール・ボレイに建造しました。現在のタケオ州、プノン・ダ遺跡があるあたりとされています。

その後、扶南は分裂し、陸のクメール、水のクメールの2国時代となりました。ジャヤヴァルマン1世（657～681年頃）の頃です。

7世紀前半にはイーシャーナヴァルマン1世（616～628年）がソンボール・プレイ・クックを創建し、新しい首都としました。7世紀後半にアンコール地域にアック・ヨム寺院が創建され、ここも王都であったとされています。なぜ同じ時代に2つの首都（王都）があったのかは、諸説ありますが、ヒンドゥー教シヴァ派がヒマラヤを聖地とする「メール思想」を強めたため、それまで平地に建てられていた寺院を山岳型寺院に変えていったからともいわれています。

ここまでの時代を前アンコール王国時代とよんで、アンコール王国と区別しています。

802年に、アンコール王国初代王ジャヤヴァルマン2世（在位802～834年）がクメール人を統一し、現在のシェムリアップ州プノン・クーレン高丘で即位し、アンコール王国がはじまります。『アンコール・王たちの物語』（石澤良昭）によると、ジャヤヴァルマン2世の家系は前アンコール時代に有力な王族として政治に関わっていたといわれています。若き王子はシャイレンドラ朝（現在のインドネシアでボロブドゥール寺院を造営した王朝）に攻め込まれ、ジャワへ連れていかれました。その後シャイレンドラ朝は水のクメールを征服し、ジャヤヴァルマン2世がヴィヤーダプラ（扶南の城）王国で権力の座につきました。当時のクメール王国内は小国家に分かれていたため、ジャヤヴァルマン2世はクラチエ北部、ソンボール地方から征討し、現在のコンポン・チャム州、バンテアイ・スレイやノコル遺跡のあるインドラプラに都城を築きます。さらに、現在のシェムリアップ東にあるロリュオス地方、ハリハラーラヤ都城に到ります。このハリハラーラヤ王都こそが、バコン寺院、プリア・コー寺院、ロレイ寺院のあるロリュオス遺跡群です。つまり、アンコール王国最初の王都はアンコールではなく、ロリュオス（ハリハラーラヤ）であったといえます。

ジャヤヴァルマン4世時代（928～941年頃）にコー・ケーに遷都（928～942年）しましたが、再び1113年にアンコールに遷都しました。同時にアンコール・ワットの建設がはじまりましたが、完成したのは32年後の1145年です。

802年の建国から630年の長きにわたり、アンコール王国は領土を拡大し、10世紀には現在のラオス南部のワット・プー（クメール民族発祥の地とされる）、西北部方面はピマーイ遺跡、タイ中央部

扶南国の勢力図

アンコール王国最大勢力図

のスコータイ、東南方面はベトナム中部ダナン、西部方面はミャンマー国境近くのムアン・シン寺院、ベンガル湾のダウェー港までの広大な地域を支配するまでになりました。この時期、アンコール王国は高度な都市計画、水管理システム、建築技術を発展させ、アンコール・ワットやアンコール・トムなど、数多くの壮大な寺院や都市を建設しました。

アンコール王国は、9世紀から14世紀にかけて現在のカンボジアを中心に繁栄し、東南アジアの広範囲にわたって影響を及ぼしていました。ところが13世紀から14世紀にかけて、アンコール王国は衰退をはじめます。シャム国、スコータイ王朝との戦争、14世紀後半にはアユタヤ王朝やチャンパとの戦争により領土を失っていきます。

シャムやチャンパがなぜ、何度もアンコール王国の領土を奪いにきたのかはまだ謎が多いとされています。東南アジア最大の湖であるトンレ・サップを擁する肥沃な土地がほしかったからなのかもしれません。アンコール・ワットやアンコール・トムにはこれらの戦争の大パノラマが所狭しと彫刻されています。これを鑑賞するだけでも、歴史の流れが伝わってきます。

アンコール王国最後の王となったポニャー・ヤット王は、１４３４年にシャムからの攻撃を受けやすいアンコールを放棄し、首都を現在のコンポン・チャム州スレイ・サントー郡トゥールバサンに移しました。これにより、アンコール王国の時代は終焉を迎え、その後のクメール人の歴史は新たな時代へと移行します。しかし、アンコール王国が残した遺跡群は現在もなお、クメール文明の栄光を物語っています。

古代カンボジア時代の日本

一方、この時代の日本は平安時代から室町時代にかけて、重要な文化的変遷が見られる時期でした。平安時代の9世紀から12世紀にかけて、貴族文明が花開き、文学や芸術がおおいに発展した時期にあたります。源氏物語が書かれたのもこの頃です。

12世紀から14世紀にかけては、平安時代から鎌倉時代、そして南北朝時代と移り、政治権力が貴族から武士階級へと移行した時期にあたります。１１８５年に源頼朝が鎌倉幕府を開き、日本初の武家政権が誕生しました。武士道や禅宗が盛んになり、新しい文化が形成されていきます。

14世紀から15世紀の室町時代は、北陸地方から中国大陸への貿易が盛んになり、禅宗の影響下で茶の湯や連歌、能などの文化が発展しました。

アンコール王国が繁栄していたこの間、日本でもまた、独自の文化が進んでいました。距離的には遠く離れていますが、それぞれの地域で独自の文化と社会が形成されていました。カンボジアと日本、それぞれの歴史に思いをはせてみるのもまた見えてくるものがあるように思います。

前アンコール王国およびアンコール王国の在位一覧

前アンコール王国318年の歴史					日本の歴史
1	484 ～ 514	カオンドン・ジャヤヴァルマン	コークトローク王国　首都アンコール・ボレイ		古墳時代 -［250年頃 ～ 592年］
2	514	ルードラヴァルマン			ヤマト政権
3	598	バヴァヴァルマン1世	550年国名をコークトロークからカンプチア（真臘・カンボジア）に変更		
4	600頃	マヘーンドラヴァルマン			飛鳥時代 -［592年 ～ 710年］
5	615-628	イーシャーナヴァルマン1世	首都ソンボール・プレイ・クック造営	最初の都城	618年唐が中国を統一
6	639	バヴァヴァルマン2世			645年大化の改新
7	657-681	ジャヤヴァルマン1世			702年遣唐使　国名を倭から日本に改称
8	713	ジャヤデーヴィー女王			奈良時代（平城京遷都）［710年 ～ 794年］
9	787	ジャヤヴァルマン2世（王子）	787年ジャワの侵攻により王子が捕虜としてジャワに連行	王になるのは802年	730年薬師寺東塔建立
アンコール王国632年の歴史					日本の歴史
1	802-835	ジャヤヴァルマン2世	ジャワから戻り挙兵して勝利するアンコール王国時代の始まり	ジャワへの朝貢停止、首都をクレーン山地に遷都	平安時代（平安京遷都）［794年 ～ 1185年］
2	835-877	ジャヤヴァルマン3世			804年空海が遣唐使で入唐
3	877-889	インドラヴァルマン1世		シャムとの戦闘	
4	889-910	ヤショーヴァルマン1世			907年唐が滅ぶ
5	910-923	ハルシャヴァルマン1世			905年古今和歌集
6	923-928	イーシャーナヴァルマン2世			
7	928-941	ジャヤヴァルマン4世	首都コー・ケー造営	17年間都城	
8	941-944	ハルシャヴァルマン2世			
9	944-968	ラージェンドラヴァルマン2世			960年宋による中国再統一
10	968-1000	ジャヤヴァルマン5世			
11	1001-1002	ウダヤーディティヤヴァルマン1世			
12	1002	ジャヤヴィーラヴァルマン1世			
13	1002-1050	スールヤヴァルマン1世	大プリア・カーン造営	東方最大拠点	
14	1050-1066	ウダヤーディティヤヴァルマン1世			
15	1066-1080	ハルシャヴァルマン3世			
16	1080-1107	ジャヤヴァルマン6世			1086年白河天皇による院政開始
17	1107-1113	ダーラニンドラヴァルマン1世			
18	1113-1150	スールヤヴァルマン2世	ベン・メリア造営		
19	1150-1165	ヤショーヴァルマン2世			1156年保元の乱
20	1165-1177	トリブヴァナーディティヤヴァルマン			
21	1181-1218	ジャヤヴァルマン7世	バンテアイ・チュマー造営	西北部最大拠点	鎌倉時代 -［1185年 ～ 1333年］
22	1218-1243	インドラヴァルマン2世			
23	1243-1295	ジャヤヴァルマン8世			1274年文永の役　元軍襲来
24	1295-1307	シュリーンドラヴァルマン1世			1281年弘安の役　元軍再来襲
25	1307-1327	シュリーンドラジャヤヴァルマン			
26	1327-1353	ジャヤヴァルマン・ディパラメシュヴァラ1世			室町時代 -［1336年 ～ 1573年］
27	1353	スレイ・ソリヨテイ	1353年シャム軍に敗北して死亡	1353-1357年までシャムの統治	
28	1357-1366	スレイ・ソリヨヴォン1世	1357年シャム軍との戦闘に勝利		
29	1366-1373	バロムリヤミヤ			
30	1373-1394	トマーサオク	1394年シャム軍との戦闘で死亡		1392年南北朝統一
31	1401-1417	スレイ・ソリヨヴォン2世			
32	1417-1420	バロムソカ	1420年シャム軍との戦闘で死亡	シャムの支配	
33	1421-1462	ポニャー・ヤット	1431年シャム軍から首都解放	1434年アンコール・トムを放棄　コンポンチャムに遷都	足利義教将軍時代

※26番から33番までの王は諸説あり

第3章　アンコール王国時代と世界

先述のように、私が初めてアンコール・ワットを訪れたのは2011年でした。利用したのはバスのツアーでしたが、現地は雨でとても蒸し暑く、遺跡は確かに素晴らしいものでしたが、それほど興味がわかなかったことも事実です。

しかし、今回の巡礼では、カンボジアの歴史について少しは勉強し、その時代背景と世界史との比較も行いました。すると、見るべきポイントや、悠久の歴史が少しずつ目に浮かんでくるようになったのです。また、クメール王国には宗教的にヒンドゥー教と仏教がそれぞれ深くかかわっているため、宗教についても予習していきました。ここで少し、当時の世界史と、仏教とヒンドゥー教についても解説しておきます。

アンコール王国時代の世界

アンコール王国時代、世界はどうなっていたでしょうか。

9世紀、欧州では、トゥールーズ伯国でカロリング朝がおわり、カペー朝がフランスの支配をはじめました。東ヨーロッパではキエフ・ルーシ（キエフ大公国・現在のウクライナ）が勢力を拡大し、政治・文化の中心となりました。中国では唐が衰退し五代十国時代がはじまっています。

10世紀にはイスラム勢力が勃興します。アッバース朝カリフが衰退し、セルジューク朝やファーティマ朝などの新たなイスラム王朝が興り、中東や北アフリカで勢力を拡大しました。ヴァイキングが北欧やバルト海を航海し、探検や略奪を行ったのもこの頃です。ヴァイキングは欧州全域に影響を及ぼし、その一部がノルマンディー公国を興しました。

11世紀の大事件のひとつが第1次十字軍の遠征です。欧州のキリスト教徒が聖地エルサレム奪回のために遠征しました。ユーラシア大陸ではイスラム帝国やモンゴル帝国の勃興により、シルクロードを通して中央アジアや東アジアとの交易が盛んになります。カンボジアにおけるアンコール王国が繁栄し、アンコール・ワットが建設されたのもこの時代です。

12世紀にはチンギス・ハーンが勢力を拡大し、13世紀にはモンゴル帝国がユーラシアの大部分を支配し、世界史上最大の帝国となりました。

大まかですが、アンコール王国の最盛期の世界はこんな感じでした。

宗教との関わり

アンコール王国の遺跡には宗教が深く関わっています。仏教とヒンドゥー教です。

仏教は紀元前500年頃、釈迦によって創始されました。本名はゴータマ・シッダールタといいます。当時のインドではガンジス川流域を中心にいくつかの王国があり、釈迦は王族のひとりでした。

釈迦の教えの核心は、「人は必ず死ぬ」ということです。死は避けられないのにいつまでも生きていたいという煩悩があるから人は苦しむのだ、というものです。生きることは「四苦八苦」。生・老・病・死から逃れることはできないことを受け入れ、常に死を直視して達観せよ、ということでした。

また、釈迦が説いた画期的な教えの一つに、すべての現象は原因と結果、つまり因果の連鎖によって成り立っていて、因のみ、果のみのものは存在しない、というものがあります。

一神教では、すべてのはじまりは神だとして、神こそがすべての源となる、としますが、釈迦は、そのようなものはないと言いました。つまり、何者にも影響されないもの、永久に不変なものなど存在しないというのです。これを、諸行無常といいます。

紀元1世紀頃になると大乗仏教が誕生します。それまでの上座部仏教（小乗仏教）は、出家するものが自己の悟りを求め、自ら悟って他人を救うという、ある種の利己的な考え方だったため、在家信者は出家者を経済的に支えても自らの生活はよくならないと不満を抱くようになりました。

大乗仏教は他者の救いを優先することから他利と考えられ、多くの人を救うものとして、「大乗＝マハーヤーナ（大きな乗り物）」とよばれるようになりました。カンボジアを含め東南アジアでは現在も上座部仏教が多いようですが、日本では中国から伝わる過程で大乗仏教となりました。日本書紀によれば、日本に仏教が伝来したのは飛鳥時代の552年です。

一方のヒンドゥー教は、紀元前1300年頃、インドに侵入し先住民族を征服して定住したアーリア人によって伝えられた宗教がインドで発展し、バラモン教となり、カースト制度が生まれました。それを批判したのが釈迦やジャイナ教の開祖マハーヴィーラです。その後バラモン教は仏教やジャイナ教などのいいところを積極的に取り入れ、より大衆的な民俗宗教であるヒンドゥー教として再生していきます。信仰のみならず、高度な神学や倫理体系、カースト制度や生活規制度、法制や習俗など、日常全般の規定があります。ただ、釈迦が否定したカースト制度が今も残っているのは驚きです。

カースト制度についても少し触れておきます。細かくいえば無数の身分、職制に分かれていますが、大きく5つに分類すると、バラモン（司祭・僧侶で葬儀を行うことができる）、クシャトリヤ（王族・

武人。王や軍人など政治力や武力を持っている人）、ヴァイシャ（一般庶民、平民。農耕牧畜、手工業にあたる生産者）、シュードラ（隷属民となった先住民族。人々の嫌う職業につく）。アチュート（不可触民。インド全体の2割といわれているので2億8000万人もいることになる）となります。

カーストは親から受け継がれます。身分は固定され。カーストを変えることはできません。結婚相手も同じカースト同士でしか認められないため、イスラム教や仏教への改宗や、海外へ出国する人もいます。残念なことですが、上位階級は最下民アチュートに対しては何をしてもいいと考えている人もいて、強姦や殺人事件がよく報道されています。

ヒンドゥー教は多神教であり、多くの神が信仰されています。中でもヴィシュヌとシヴァが多くの信者からの支持を集めています。ヴィシュヌ派は神への絶対の帰依を説き神の恩恵によって解脱（げだつ）できると考え、シヴァ派は修行や苦行が解脱の条件です。解脱とは「人間を縛っている様々なものから解放される」という意味でほかの宗教でもよく使われます。もう一人、宇宙創造神とされるブラフマーがいます。この三神一体（トリムルティ）でヒンドゥー教は成り立っています。

現在ではブラフマーを信仰する人が減り、ヴィシュヌとシヴァが二大神として並び称されています。ヒンドゥー教は世界三大宗教の一つで、およそ11億人の信者がいるとされています。

ヒンドゥー教の神々

・ブラフマー：宇宙、世界に実存、実在の場を与える神
宇宙創造神、言語の神としてバラモン教の最高神であった。四面顔と4本の腕、手には数珠、笏、水差し、蓮華、水壺、弓などを持っている。日本では梵天として知られる。中世のカンボジアではあまり人気がなかった。
・ヴィシュヌ：宇宙、世界の維持、平安を司る神
太陽の輝きを神格化した神で、怪鳥ガルーダに乗り、4本の手を持つ。ほら貝、輪宝、棍棒、蓮華を持つ。世界平和を使命とし人類滅亡の危機から世界を救済する。
・シヴァ：宇宙、世界を創造し、その寿命が尽きた時、破滅と再生を司る神
破壊の神ともいわれる凶暴な性格だが、温和な一面も持つ。ナンディン牛を乗り物とする。額に第3の目があり破壊後に創造を行う。生殖崇拝として祀られる時はリンガという男根の形をとることが多い。

三神一体：左からブラフマー、シヴァ、ヴィシュヌ

日本への仏教伝来

日本の仏教は、聖徳太子や蘇我氏などが西暦700年頃日本に広めたとされていますが、平安初期に仏教の大革新が起こりました。奈良時代までの仏教は、寺院に一般人が参拝することも葬式が行われることもありませんでした。現在に見られるような宗派は、最澄と空海が804年の遣唐使で共に入唐したことにはじまります。帰国後、最澄は比叡山で天台宗を開き「法華経」を広めました。それに対して香川県善通寺市に生まれた弘法大師（空海774~835年）は31歳で唐に渡り「密教」を伝授され後に真言宗を開きました。東寺五重塔、高野山金剛峯寺、満濃池修築等歴史に残る数々の建築も行いました。

密教は、顕教《けんきょう》と呼ばれる一般的な仏教の教えとは異なり、秘密の教えや修行方法を重視します。以下に、密教の教えに関する基本的な要素を説明しますが、密教は非常に広範にわたる深い教えであり、ここでは簡単に説明します。

真言密教では、「真言」とよばれる特別な霊的な言葉やフレーズが重要な役割を果たします。真言は、仏や菩薩の名前やマントラとして用いられ、修行や念仏によって真理への直接的な体験を追求する手段とされます。

呪術的要素：密教には呪術的な要素が含まれ、儀式や呪文、具体的な行動や儀礼を重要視し、それらを通じて悟りへの境地を追求するとされる。

妙観察智と空性：万物の本質が空であるという「空性」の考え方が重要とされる。また、「妙観察智」と呼ばれる観察法によって、万物の仮象的な存在や幻想性を見極めることを通じて真理を悟ろうとする教えもある。

マンダラと法具：特別な図形や模様であるマンダラや、法具と呼ばれる具体的な器具が重要視される。これらは修行や瞑想において用いられ、内面的な変容や直観的な理解を促す役割がある。

密教は、個別の密教の宗派によって教義や実践方法が異なることもあります。密教は一般的には修行者に対して要求が高く、厳しい修行や伝授が行われることもあります。

アンコール王国のはじまりは８０２年です。まさに弘法大師と同じ時代となります。

第4章　クメール王国60か所

本章から、いよいよクメール王国（前アンコール王国＋アンコール王国＋後アンコール王国）60か所の巡礼地を紹介していきますが、その前にクメール王国の謎について、いくつかの問いかけをしておきます。先述のように、私自身、最初からカンボジアの遺跡について大きな興味をもっていたわけではありません。ところが、実際に遺跡を訪れ、クメール王国の歴史について資料を集め、学んで行くうちに、遺跡から悠久の歴史が迫ってくるようになったのです。実際に、クメールの遺跡群は見事なものです。アンコール・ワットだけでなく、あまり知られていない遺跡にも素晴らしいものはたくさんあります。一方で、これだけ見事なものをだれが、どうして、どのように造ったのか、なぜクメール王国は繁栄したのか、巡礼を続けるうちに、謎が次々と重なってくるようになりました。

この本ですべての答えを出すことはできませんが、これらの謎を、ほんの少し、頭の片隅においていただければ、本書を読み終わった後、クメール王国の遺跡巡礼についてより興味がわくのではないかと思っています。そしていつか、あなたがカンボジアを訪れることがあれば、さらに深く興味をもって、遺跡が伝えてくれるものを感じ取れるようになるかもしれません。

アンコール遺跡群が投げかける謎とは

① 東南アジア最大の帝国はどのようにして創られたのか？
② アンコール王国最初の王都はどこか？
③ アンコール王国（クメール王国）最大時の支配地域は？

④アンコール王国最大勢力時の王様は誰？
⑤アンコール王国は何年続いたのか？
⑥１０３６㎢、約70万人もの人口を擁したアンコール王国が滅びた原因は？
⑦現在は仏教国だが遺跡のほとんどにヒンドゥー教の神々が祀られているのはなぜ？
⑧廃仏運動はなぜ起きたのか？
⑨アンコール・ワット、密林の５大遺跡はだれが何のために建てたのか？
⑩クメール人独特の世界観、宗教観とは？
⑪石材はどうやって運搬したのか？
⑫４ｔ以上の大石をどうやって吊り上げたのか？
⑬遺跡にはたくさんの彫刻があるがどのように彫り上げて壁画としたのか？
⑭石材の表面に無数の穴があるが何のためにあるのか？
⑮アンコール・ワットは何人の作業員が何年かけて建設したのか？
⑯タ・プロームにはクメール時代に発見されてもいない恐竜の彫刻があるのは何故か？
⑰シャム（現タイ）やチャンパ（現ベトナム）はなぜアンコール王国と戦争をくり返したのか？

巡礼番号	英文巡礼地名	日本語巡礼地名	創建者	創建年代	信仰	その他	
第32番	Ak Yum	アック・ヨム		7世紀後半	ヒンドゥー教	アンコール遺跡群世界遺産	国家鎮護寺院
第33番	Phnom Krom	プノン・クロム	ヤショーヴァルマン1世	9世紀末	ヒンドゥー教	アンコール遺跡群世界遺産	
第34番	Wat Athvea	ワット・アトヴィア	スールヤヴァルマン2世	12世紀前半	ヒンドゥー教	アンコール遺跡群世界遺産	
第35番	Lolei	ロレイ	ヤショーヴァルマン1世	893年	ヒンドゥー教	アンコール遺跡群世界遺産	
第36番	Preah Ko	プリア・コー	インドラヴァルマン1世	879年	ヒンドゥー教	アンコール遺跡群世界遺産	
第37番	Bakong	バコン	インドラヴァルマン1世	881年	ヒンドゥー教	アンコール遺跡群世界遺産	
第38番	Sambor Prei Kuk	ソンボール・プレイ・クック	イーシャーナヴァルマン1世	7世紀初頭	ヒンドゥー教	世界遺産(旧都)	密林の五大遺跡
第39番	Koh Ker	コー・ケー	ジャヤヴァルマン4世	10世紀初頭	ヒンドゥー教	世界遺産(旧都)	密林の五大遺跡
第40番	Beng Mealea	ベン・メリア	スールヤヴァルマン2世	12世紀初頭	ヒンドゥー教	東のアンコール・ワット	密林の五大遺跡
第41番	Banteay Chhmar	バンテアイ・チュマー	ジャヤヴァルマン7世	12世紀	仏教	千手観音レリーフ	密林の五大遺跡
第42番	Preah Khan,Kampong Svay	大プリア・カーン	スールヤヴァルマン1世	11世紀中頃	ヒンドゥー教		密林の五大遺跡
第43番	Preah Vihear	プリア・ヴィヘア	ヤショーヴァルマン1世	9世紀末	ヒンドゥー教	世界遺産	天空の寺院
第44番	Banteay Srei	バンテアイ・スレイ	ラージェンドラヴァルマン2世 ジャヤヴァルマン5世	967年	ヒンドゥー教	東洋のモナ・リザ	女の砦
第45番	Phnom Kulen	プノン・クーレン	ジャヤヴァルマン2世	9世紀頃	ヒンドゥー教	アンコール発祥の地	
第46番	Kbal Spean	クバール・スピアン	ウダヤーディティヤヴァルマン2世	11世紀頃	ヒンドゥー教	水中遺跡	
第47番	Spean Prap Tos	スピアン・プラップ・トゥフ		9世紀頃		コンポンクディ	古代橋
第48番	Spean Toap	スピアン・トップ		11-12世紀		ウッド—メアンチェイ州	古代橋
第49番	Oudong	ウドン	チャイ・テェター王、アンドゥオン王、モニボン王	1618-1866年	仏教	旧都	
第50番	Koh Kong	コッコン				コッコン州	エコリゾートの町
第51番	Phnom Chisor	プノン・チソール	スールヤヴァルマン1世	11世紀前半	ヒンドゥー教		
第52番	Buddha Kiri Cambodia	ブッダ・キリ・カンボジア			仏教	タケオ州	世界一の仏像数
第53番	Phnom Da	プノン・ダ		7世紀	ヒンドゥー教	タケオ州	クメール王国発祥の地
第54番	Phnom Chunuk	プノン・チュヌーク		7世紀頃	ヒンドゥー教	カンポット郊外	
第55番	Wat Ek Phnom	ワット・エク・プノン	スールヤヴァルマン1世	12世紀	ヒンドゥー教	バッタンバン州	
第56番	Wat Banan	ワット・バナン	ヤショーヴァルマン1世	10世紀頃	ヒンドゥー教	バッタンバン州	
第57番	Wat Phnom Samvor	ワット・プノン・サンボー				バッタンバン州	100万匹コウモリ
第58番	Bamboo Train	バンブー・トレイン				バッタンバン州	世界唯一観光トロッコ
第59番	Phnom Prus,Phnom Srei	プノン・プロス、プノン・スレイ		1958年、1981年	仏教	コンポンチャム州	
第60番	Boosler Falls	ブースラー滝				モンドルキリ州	カンボジア最大の滝

巡礼番号	英文巡礼地名	日本語巡礼地名	創建者	創建年代	信仰	その他	
第1番	Angkor Wat	アンコール・ワット	スールヤヴァルマン1世	12世紀初頭	ヒンドゥー教	アンコール遺跡群 世界遺産	国家鎮護寺院
第2番	Bayon	バイヨン	ジャヤヴァルマン7世	12世紀末	仏教、ヒンドゥー教	アンコール遺跡群 世界遺産	国家鎮護寺院
第3番	Baphuon	バプーオン	ウダヤーディティヤヴァルマン2世	11世紀中頃	ヒンドゥー教	アンコール遺跡群 世界遺産	国家鎮護寺院
第4番	Phimeanakas	ピミアナカス	スールヤヴァルマン1世	11世紀初頭	ヒンドゥー教	アンコール遺跡群 世界遺産	国家鎮護寺院
第5番	South Khleang	南クリアン	ジャヤヴァルマン5世	11世紀初頭		アンコール遺跡群 世界遺産	国家鎮護寺院
第6番	North Khleang	北クリアン	ジャヤヴァルマン5世	11世紀初頭		アンコール遺跡群 世界遺産	
第7番	Prasat Suor Prat	プラサット・スゥル・プラット	ジャヤヴァルマン7世	12世紀末		アンコール遺跡群 世界遺産	
第8番	Elephant Terrace	象のテラス	ジャヤヴァルマン7世	12世紀末		アンコール遺跡群 世界遺産	
第9番	Terrace of the Leper King	ライ王のテラス	ジャヤヴァルマン7世	12世紀末		アンコール遺跡群 世界遺産	
第10番	Royal Place	王宮				アンコール遺跡群 世界遺産	
第11番	Preah Pithu	プリア・ピトゥ		12世紀初頭	仏教	アンコール遺跡群 世界遺産	
第12番	Preah Palilay	プリア・パリライ		12世紀初頭	仏教	アンコール遺跡群 世界遺産	
第13番	Gate of Victory	勝利の門	ジャヤヴァルマン7世	12世紀末		アンコール遺跡群 世界遺産	
第14番	Phnom Bakheng	プノン・バケン	ヤショーヴァルマン1世	9世紀末	ヒンドゥー教	アンコール遺跡群 世界遺産	国家鎮護寺院
第15番	Phnom Bok	プノン・ボーク				アンコール遺跡群 世界遺産	アンコール三聖山
第16番	Baksei Chamkrong	バクセイ・チャムロン	ハルシャヴァルマン1世 ラージェンドラヴァルマン2世	10世紀初頭	ヒンドゥー教	アンコール遺跡群 世界遺産	国家鎮護寺院
第17番	Thommanon	トマノン	スールヤヴァルマン2世	12世紀初頭	ヒンドゥー教	アンコール遺跡群 世界遺産	
第18番	Chau Say Tevoda	チャウ・サイ・テボーダ	スールヤヴァルマン2世	12世紀初頭	ヒンドゥー教	アンコール遺跡群 世界遺産	
第19番	Ta Kev	タ・ケウ	ジャヤヴァルマン5世	11世紀初頭	ヒンドゥー教	アンコール遺跡群 世界遺産	
第20番	Banteay Kdei	バンテアイ・クディ	ジャヤヴァルマン7世	12世紀末	ヒンドゥー教→仏教	アンコール遺跡群 世界遺産	
第21番	Ta Prohm	タ・プローム	ジャヤヴァルマン7世	1186年	仏教→ヒンドゥー教	アンコール遺跡群 世界遺産	
第22番	Sras Srang	スラ・スラン	ジャヤヴァルマン7世	12世紀末		アンコール遺跡群 世界遺産	
第23番	Prasat Bat Chum	プラサット・バッチュム	ラージェンドラヴァルマン2世	10世紀中頃	仏教	アンコール遺跡群 世界遺産	
第24番	Prasat Kravan	プラサット・クラヴァン	ハルシャヴァルマン1世	921年	ヒンドゥー教	アンコール遺跡群 世界遺産	
第25番	Pre Rup	プレ・ループ	ラージェンドラヴァルマン2世	961年	ヒンドゥー教	アンコール遺跡群 世界遺産	
第26番	East Mebon	東メボン	ラージェンドラヴァルマン2世	952年	ヒンドゥー教	アンコール遺跡群 世界遺産	国家鎮護寺院
第27番	Banteay Samre	バンテアイ・サムレ	スールヤヴァルマン2世	12世紀初頭	ヒンドゥー教	アンコール遺跡群 世界遺産	
第28番	Ta Som	タ・ソム	ジャヤヴァルマン7世	12世紀末	仏教	アンコール遺跡群 世界遺産	
第29番	Preah Khan	プリア・カーン	ジャヤヴァルマン7世	1191年	仏教	アンコール遺跡群 世界遺産	
第30番	Neak Pean	ニャック・ポアン	ジャヤヴァルマン7世	12世紀末	仏教	アンコール遺跡群 世界遺産	
第31番	West Baray	西メボン（西バライ）	スールヤヴァルマン1世 ウダヤーディティヤヴァルマン2世	1020年	仏教	アンコール遺跡群 世界遺産	

第1番　アンコール・ワット(寺院のある都)／世界遺産

No.1 Angkor Wat ／ World Heritage ／12世紀初頭／ヒンドゥー教

スールヤヴァルマン2世（在位1113－1150年頃）

アンコール・ワット

アンコール王都があったのは現在の州都シェムリアップ市です。ここシェムリアップ州とバッタンバン州、パイリン州は何世紀もの間シャム（現在のタイ）の領土または占領下におかれていました。カンボジアに返還されたのはフランス植民地時代のコーチシナに編入されてからです。

フランスの植民地になったのは、長年ベトナムとタイから攻め込まれていたカンボジアがフランスの助けを求める形で植民地化を希望したからといわれています。アンコール・ワット建造時にはタイ北東部からベトナムにかけてカンボジア領土であったことを考えると、国の衰退は国民生活に大きな影響を及ぼしました。

アンコール・ワットは南北1300m、東西1500m、敷地面積1・95㎢の堀で囲まれた敷地内に建立されました。1113年から毎日1万人以上が建設に従事し、約30年かけて、王の権力を神格化するために独自の宇宙観を表現して建造したといわれています。

当時の王都アンコールは、世界最大の都市であったスペインのコルドバの約45万人よりはるかに多い、およそ60万人（100万人説もある）が居住していたといわれています。現在のシェムリアップ市は人口約14万人なので当時よりもかなり人口が少なくなっています。

この頃世界では、1095年に東ローマ帝国からの要請を受けたローマ教皇ウルバヌス2世が、クレルモンで聖地回復を掲げて十字軍を仕掛けます。日本では院政が始まり、白河上皇（1086－1129）、鳥羽上皇（1129－56）、後白河上皇（1158－79）の時代が100年余り続きました。3人の上皇は仏教をあつく信仰し、出家して法皇となり、六勝寺など多くの大寺院を造営し、堂塔・仏像を造って盛大な法会を行い、熊野詣や高野詣を繰り返していました。カンボジアと日本はよく似た時代であったといえます。

アンコール・ワットの中央祠堂は、ヒンドゥー教3大神の一人、ヴィシュヌ神が降臨し、王と神が一体化する場所と考えられていました。中央祠堂の高さは65mにも及びます。アンコール・ワットは墓か寺院か？という議論がありますが、1860年、フランス人博物学者アンリ・ムーオがスールヤヴァルマン2世が埋葬されていることを発見したため、墳墓であったとされています。

アンコール・ワットを建立したスール

第１回廊　スールヤヴァルマン２世

第１回廊　入海攪拌の中心ヴィシュヌ神

ヤヴァルマン2世は、叔父の前王を殺傷して1113年に即位しました。王は国内各地の敵対勢力と戦い、李朝（現在のハノイにあったベトナム最初の王朝）、南のチャンパ（現在のベトナム中南部にあったチャム人王国）と大規模な戦闘を行っており、その様子はアンコール・ワットの回廊にも彫刻されています。回廊は3番までありますが、特に第1回廊の浮彫は歴史絵巻のようで、ラーマーヤナ、マハーバーラタ、スールヤヴァルマン2世軍の行進、天国と地獄、入海攪拌、ヴィシュヌ神と阿修羅の戦い、クリシュナとバーナの戦い、アムリタをめぐる神々と阿修羅の戦いなどが描かれています。歴史や物語を勉強してから訪れると、より興味深くなることと思います。

また、長さ1・5㎞にも及ぶ長編絵巻と第2回廊のデバター（女神）、神々の世界第3回廊、1632年に書かれたとされる森本右近太夫一房の墨書がある十字回廊など、アンコール・ワットは丸一日かけてじっくり楽しみたい場所です。特に朝日が昇る早朝5時30分から6時頃と、夕方4時から6時頃の夕日に照らされたアンコール・ワットの姿は息をのむほどで、最高の撮影時間となります。朝日を見るためには午前4時頃起きてアンコール・ワットに向かう必要がありますが、雨期は雨や曇りが多くあまりおすすめできません。私も4回目でやっと拝むことができました。なお、アンコール・ワットを巡礼する際はガイド同伴をおすすめします。

カンボジアの国旗には中央祠堂と左右の2塔併せて3塔が描かれていますが、右手前の池を移動していくと祠堂は5塔あることがわかります。ここも写真撮影スポットになります。ホテルで日本語対応のガイドを予約できます。

十字回廊　森本右近太夫一房の墨書

第１回廊外観

２０２２年の日本語ガイド料金は１日50ドルほどでした。コロナ前は日本語ガイドだけで５００人いたそうですが、コロナで数名にまで減ってしまったということです。円安の影響もあるのか、日本人の観光客は少なくなっています。

アンコール・ワットの日の出

第2番　バイヨン／アンコール・トム遺跡群／世界遺産

No.2 Bayon ／ Angkor Thom ／ World Heritage ／12世紀末／仏教・ヒンドゥー教
ジャヤヴァルマン7世（在位1181－1219年頃）

アンコール・ワットがスールヤヴァルマン1世の墳墓兼寺院であるのに対して、アンコール・トムは王都として建築されました。「トム」とは「大きな都」を意味します。バイヨンは高さ43ｍ、周囲約12㎞、敷地面積9㎢の城壁に囲まれた都城アンコール・トムの中央にある、

バイヨン寺院

バイヨン観音菩薩の四面頭

バイヨン寺院外観

観世音菩薩の四面塔で有名な寺院です。敷地面積はアンコール・ワットの4・6倍というとても大きな都でした。

バイヨン寺院はアンコール王国の最盛期を築いたジャヤヴァルマン7世による古代インドの宇宙観に基づく、神々が住むメール山（須弥山）を象徴しています。城壁はヒマラヤの霊峰、環濠は大海を表現したもので、ヒンドゥー教と仏教の宇宙観が同時に表現されています。第1回廊は約600mにも及ぶ大パノラマ歴史彫刻絵巻となっていて、12世紀のクメール軍とチャンパ軍（現在のベトナム）との戦争を中心に、兵士や人々の暮らしぶりが多数彫刻されています。硬い石に彫られており描写は立体的です。

第2回廊はヒンドゥー教のシヴァ神とヴィシュヌ神、仏教、王家が各エリアに分かれて彫刻されています。

アンコール・トム南門にかかる橋

第1回廊東面の壁画。生け贄にされる水牛

観世音菩薩の四面塔は黒ずんでいて、思わず磨きたくなりますが、歴史的な遺跡の保存は清掃さえ阻んでいるように思えます。アンコール・トムの城壁内には沢山の遺跡があります。本書で紹介するアンコール・トム遺跡群は2番から13番までですが、ここだけでも1日では足りないと感じるかもしれません。

第3番　バプーオン／アンコール・トム遺跡群／世界遺産

No.3 Baphuon ／ Angkor Thom ／ World Heritage ／11世紀中頃／ヒンドゥー教

ウダヤーディティヤヴァルマン2世（在位1050−1066年）

隠し子という意味の名を持つピラミッド型遺跡、バプーオン

バプーオンは、アンコール王朝遺跡群の一部であり、アンコール・トムの内部に位置しています。11世紀から12世紀にかけて建てられた仏教寺院で、美しい建築と豊かな歴史を持つ遺跡です。かつてアンコール遺跡群が栄えていた頃の宗教的・宮殿的な重要性を示すものとされています。

アンコール遺跡群の中でも特に印象的な建造物の一つです。この遺跡は巨大なピラミッド状の構造を持ち、高さはおよそ34メートルにも達します。建物は石造りであり、階段を登ることで最上部にたどり着くことができます。かつてはここに仏塔が存在していたと考えられています。

空中参道

寝釈迦像

内部には、彫刻や浮き彫りが施された回廊や広場があります。装飾に、ヒンドゥー教の神々や神話のシーンを描いています。

アンコール・トムの南側に位置しており、アンコール遺跡群を訪れる際には比較的アクセスしやすい場所にあります。観光客は壮大な建築や美しい彫刻を鑑賞しながら、遺跡の歴史に思いを馳せることができます。

空中参道と呼ばれる長さ200mの石橋と後世の仏教徒が作った寝釈迦像をお楽しみ下さい。

第4番　ピミアナカス／アンコール・トム遺跡群／世界遺産

No.4 Phimeanakas ／ Angkor Thom ／ World Heritage ／11世紀初頭／ヒンドゥー教

スールヤヴァルマン1世（在位1002−1050年）

ピミアナカスは王のテラスの裏にある王宮の塔門が入口になります。建造したスールヤヴァルマン1世は、ヤショーヴァルマン1世の家系で、タイ中部の出身です。王に即位する直前に周辺の属国王が一斉に蜂起したため、3年間戦闘に従事しました。ウダヤーディティヤヴァルマン1世、1002年に即位したジャヤヴィーラヴァルマン王、そしてスールヤヴァルマン1世の3人による争いです。ウダヤーディティヤヴァルマン1世が崩御し、戦いは残る2人の一騎打ちになりました。戦いに勝利したのがスールヤヴァルマン1世で、ジャヤヴィーラヴァルマン王の即位を取り消し、

三層ピラミッド式寺院

ピミアナカスへの入り口となる王宮の塔門

遡って１００2年に即位しました。

ピミアナカス寺院はラージェンドラヴァルマン2世が住んでいた王宮でしたが、建て直されて現在に至ります。彼はアンコール王国最初の建設王と呼ばれ、南プラサート、クリアン、プノン・チソール、大プリア・カーン、チャウ・サイ・ヴィボル、西バライ、王宮の桜門、ピミアナカス寺院、そして多くの道路、石橋、宿駅、貯水池を建設しました。また１０１８年に「スールヤヴァルメシュヴィラ」というリンガをプリヤ・ヴィヘア、大プリア・カーン、プノン・チソール、ワット・バセットに設置しました。

スールヤヴァルマン1世は、タイのスコータイ、サワンカローク、ロッブリー、ラオスのルアンパバーンまで領土を拡大しています。

ピミアナカス寺院は、「天上の宮殿」といわれる三層ピラミッド式寺院です。中央塔は金箔で覆われていたといわれています。建立当時は一部の王族だけが参加できる儀式の場で、当時のクメール王の宇宙観を象徴するメール山を模したといわれています。広大なプールのような女池、男池に分かれて沐浴場があり、デバターやガルーダ、ワニ、魚の彫刻を見ながら歴史に思いを馳せることができます。

正方型ピラミッドにある木製の階段

第5番　南クリアン／アンコール・トム遺跡群／世界遺産

No.5 South Khleang ／ Angkor Thom ／ World Heritage ／11世紀初頭

スールヤヴァルマン1世（在位1002-1050年）

南クリアン

勝利の門から象のテラスに向かう道を挟んで、北クリアンと南クリアンの南北に分かれて作られた遺跡があります。13世紀末にここを訪れた中国人、周達観が書いた「真臘風土記」では、外国からの賓客用宿泊施設と紹介されていますが、クリアンの意味は「寺院の宝物庫」ですから、王室財産を収蔵した寺院だと考えられます。

クリアン様式建築ともいわれるクリアン遺跡は、アンコール遺跡群内に位置する歴史的な建造物の一つです。アンコール・トム内にあり、その特徴的なアーキテクチャと歴史的な背景で注目されています。

クリアンの特徴は細長い石造りの建物と特有のアーキテクチャです。クリアンの建物は、大きな石材を組み合わせて造られており、堅固な構造になっています。建物は船のような形状をしており、他のアンコール遺跡とは異なる独自のスタイルを

南クリアン内部

もっています。クリアンが造られた目的は、アンコール遺跡群全体と同様に、宗教、政治、文化の要素が組み合わさったものであったと考えられています。

また、クリアン遺跡が北と南の2か所に建設された理由として、地理的な条件が関与しているといわれています。地形や環境の違いによって異なる神聖な要素を表すため、複数の場所に遺跡が建てられた可能性が考えられます。また、北クリアンがジャヤヴァルマン5世によって先に建設され、その後スールヤヴァルマン1世が南クリアンを建設したといわれています。北クリアンが戦利品でいっぱいになり、南クリアンを建設したのかもしれません。

社会的・政治的な意味合いとしては、クリアン遺跡の複数の場所に、社会的な層や政治的な権力の象徴を示す意図があったかもしれません。北と南で異なる役割を果たす遺跡が建てられ、それぞれの場所が社会的・政治的な機能を反映していた可能性が考えられます。

なお、この遺跡はプラサット・スゥル・プラット（綱渡りの塔）と森林に囲まれていて、地図をよく確認しておかないと見逃すことがあります。

第6番　北クリアン／アンコール・トム遺跡群／世界遺産

No.6 North Khleang ／ Angkor Thom ／ World Heritage ／11世紀初頭
ジャヤヴァルマン5世（在位969－1000年頃）

南クリアンに比べると、北クリアンのほうが少し規模は大きくなります。また、時代も少し古くなります。建物には赤いラテライト石が使われています。裏には大きな祠堂も残っています。屋根は崩れ落ちていますが、出入り口に木製の枠が使われているので、後世に修復さ

北クリアン外観（北側）

北クリアン内部

北クリアンの入口にはナーガの欄干が点在する

れたのではないかと考えられています。

ここは外国からの賓客用宿泊施設であったともされています。そうだとすればどんなベッドに寝ていたのでしょうか。すごい数の蚊が部屋に入ってくるのではないだろうか？　などと想像してしまいます。北クリアンにはナーガの欄干があることから、勝利報告の後、戦利品を収納したのではないかと考えられます。

北クリアン正面入口

北クリアン裏にある祠堂

第7番　プラサット・スゥル・プラット／アンコール・トム遺跡群／世界遺産

No.7 Prasat Suor Prat ／ Angkor Thom ／ World Heritage ／12世紀末
ジャヤヴァルマン7世（在位1181－1219年頃）

何のために造られたのか謎の多い12の塔が、大きなレンガのようなラテライト素材で建築されています。ここは「綱渡りの塔」とも呼ばれ、王宮前広場に集まった観客のためにロープを張って綱渡りを見せたという説もありますが、定かではありません。

各塔にロープを張ると綱渡りができる

プラサット・スゥル・プラット

塔頂部に綱をかけるための
出っ張りがあるように見える

確かに象のテラスやライ王のテラスの正面にあり、綱渡りをする余興を王に見せるには絶好の位置にあります。間に大きな広場があり、大勢の人が楽しむこともできたでしょう。

ガイドによると、12棟あるのは12支、つまり干支を表しているとの説明でした。それなら干支の彫刻ぐらいあってもよさそうだと思い探しましたが、見つかりませんでした。また、別のガイドに聞くと、王には12人の娘がいたため、その娘たちの家ではないかとも伝えられています。ただ、中をのぞくと20平米ぐらいの1Kにしか見えず、王の娘が住むには少し狭いように思えます。

12の塔は、勝利の門から道を挟んで両側に6棟ずつ建築されているため、軍隊の凱旋と関係があるように思えます。また、塔は勝利の門と王のテラスを結ぶ道に6基ずつ建てられていますが、内側の1基はそれぞれ後ろにずれています。なにか理由があるのでしょうが、今もなお謎のままです。。集まった軍隊やその家族に酒や食事を配るためか、当時の戦車だった象たちに餌をやるためなのか。象のテラスに登ると当時ここを通った人々の姿が浮かんでくるようです。

この遺跡は砂地に建っていて、長い年月の間に建物の重みで傾いています。そのため、日本のJASA（日本国政府アンコール遺跡救済チーム）により調査、修復が行われました。実際に歩いてみると、海岸の砂浜に建てられているような印象を受けます。アンコールの周辺は粘土質のところが多いのですが、なぜここだけ砂地なのか、謎の多い遺跡です。

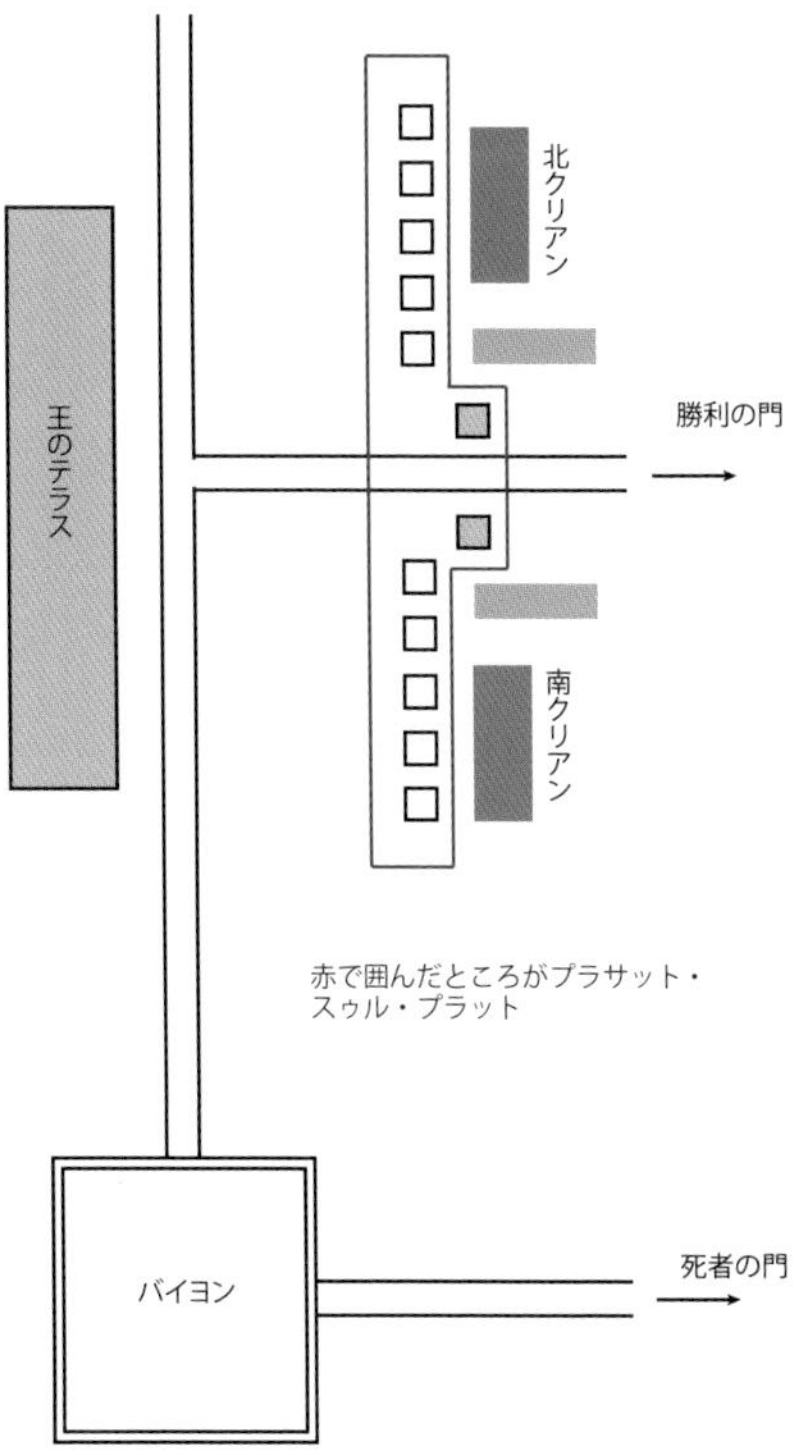

赤で囲んだところがプラサット・スゥル・プラット

第8番　象のテラス／アンコール・トム遺跡群／世界遺産

No.8 Elephant Terrace ／ Angkor Thom ／ World Heritage ／12世紀末

ジャヤヴァルマン7世（在位1181－1219年頃）

象のテラスは王族たちが閲兵を行った場所で、王宮の前にあります。ジャヤヴァルマン7世によって建設されました。中央階段には蓮の花を摘む象が3頭、砂岩に刻まれています。象のテラス、ライ王のテラス、バプーオンの入口は約350mのテラスで繋がっています。

象の鼻の彫刻

勝利の門を直進すると王族が閲兵するテラスの中央に行きつく

テラスから見る王宮入口の門前。この場所でジャヤヴァルマン7世が兵士を迎えた

王族が待ち受けるテラス。勝利の門方向を望む

ここでは象使いたちの狩りの様子や、テラスを支えているガジャシンハ（ライオンとガルーダが一体化した聖獣）をじっくり眺めることができます。テラスの内部には小部屋状の空間があり、保存状態のよい彫刻がみられます。彫刻には5頭の馬、象と遊ぶ子ども、王馬などがあり、戦争に勝利し、象軍団とともに勝利の門から入場してくる兵士たちから、王が勝利の報告を聞いたのではないかと想像できます。テラスには階段で登っていけるので、王様気分を味わうことができます。

第9番　ライ王のテラス／アンコール・トム遺跡群／世界遺産

No.9 Terrace of the Leper King ／Angkor Thom ／World Heritage ／12世紀末

ジャヤヴァルマン7世（1181－1219年頃）

ライ王のテラスは、アンコール遺跡群にある重要な遺跡の一つで、アンコール・トム遺跡内に位置しています。アンコール・トムはアンコール遺跡群の中で最大の遺跡であり、アンコール・ワットから北へ少し行った場所に位置しています。

ライ王のテラス

ジャヤヴァルマン7世（ライ王）とされる座像

テラス下にある迷路

三島由紀夫の最後の戯曲である『癩王のテラス』は、病魔に冒されたアンコール王国の王ジャヤヴァルマン7世が、アンコール・トムの造営とバイヨン寺院建設を通して、王朝の衰亡と、愛と夢を描いた雄大な物語です。本の中にある、「クメールの若き王ジャヤヴァルマン7世は敬虔な仏教徒で、勇猛な戦士であった。宿敵チャンパ（ベトナム）を破り、チャム（タイ）戦で大勝利の凱旋の喜びのうちに王は荒廃した王都の再建を目指す。しかし民の一部に癩病が蔓延し始め王も感染してしまった。バイヨン寺院完成後死が迫っていた王は、輿をバイヨン寺院が一望できるテラスに据えさせたがすでに失明していた。そしてバイヨン寺院に語り掛けながら死んでいくのであった」という記述を興味深く読んだことを思い出しました。

神々と阿修羅

　テラス上のライ王は癩病のジャヤヴァルマン7世であるという設定で、テラスの上には木造の宮殿があったとみられ、下にはそれを支えるための様々な彫刻が彫られた回廊があります。

9頭蛇（ナーガ）

　ライ王という名前の由来は、彫刻にある神秘的な王の像からつけられました。この像は一見すると皮膚の病気にかかった人物のように描かれており、テラスには彫刻された浮き彫りが見られます。ライ王の像はその一部ですが、その他にも神話的な動植物や神々、英雄などが描かれています。彫

テラスの壁面彫刻

ナーガと女神像

刻のディテールや表現はアンコール遺跡の他の場所と同様、精巧かつ美しいものばかりです。

ライ王のテラスの正確な歴史的背景は不明ですが、12世紀頃、アンコール王国時代の建築物として造られたと考えられています。浮き彫りには、当時の信仰や宗教的な意味が反映されています。

ライ王のテラスはアンコール・トム内の美しい遺跡の一部であり、アンコール遺跡群を訪れる際にはぜひ訪れる価値があります。その彫刻や歴史的背景から、カンボジアの古代の文化や芸術に触れることができます。テラスの下にある石の土台は迷路のような回廊になっています。ここも見逃さないように。

第10番　王宮跡／アンコール・トム遺跡群／世界遺産

No.10 Royal Palace ／ Angkor Thom ／ World Heritage

ジャヤヴァルマン7世（在位1181－1219年頃）

象のテラス裏手から塔門をくぐり、さらに進むと第4番で紹介したピミアナカスが見えてきます。右手に回ると男池と女池があり、その奥にアンコール時代を通して王宮があったとされています。この王宮は木造であったため痕跡は残っていませんが、明らかに土台とわかる

王宮跡

女池の王宮側にある彫刻

女池

ピミアナカス王宮の塔門

石積の趾があります。どんな王宮だったのか、今では知ることはできません。

王宮の周壁内にあるピミアナカス寺院には伝説があります。塔の中にナーギー神（9つの頭を持った蛇の精）が宿っており、その蛇は毎晩美しい女性に姿を変えて王の前に現れ、妻と寝る前にまず彼女と交わらなければならず、もし一夜でも交わらなければ王は早死にする、というものです。そのため、ピミアナカス寺院には王の家族さえ立ち入り禁止だったといわれています。

ほんとうに王が夜な夜なピミアナカスに通ったかどうかはともかく、そんな伝説を思い浮かべることで、王宮跡を見る目がすこし変わったことも事実です。

第11番　プリア・ピトゥ／アンコール・トム遺跡群／世界遺産

No.11 Preah Pithu ／ Angkor Thom ／ World Heritage ／12世紀初頭／仏教

ジャヤヴァルマン6世（1080－1107年）

　プリア・ピトゥは、アンコール・トム遺跡群の一部で、北クリアンの北側に位置しています。一連の小さな寺院や建築物で構成されており、それぞれが密集したエリアに存在しています。これらの建造物は、12世紀初期に建てられたもので、特に仏教の寺院として使用されていました。池に囲まれた2つの塔と長いテラス、リンガのある塔、奥のピラミッド型建築物に仏陀の座像があります。

　他のアンコール遺跡群の寺院と同様に石造りであり、美しい彫刻や浮き彫りが特徴です。比較的小規模な遺跡で、周壁はかなり崩れていますが、ピラミッドはかなり見ごたえがあります。

プリア・ピトゥ

ナーガの欄干

第12番　プリア・パリライ／アンコール・トム遺跡群／世界遺産

No.12 Preah Palilay ／ Angkor Thom ／ World Heritage ／12世紀初頭／仏教
ジャヤヴァルマン7世（在位1181－1219年頃）

プリア・パリライ入口のテップ・プラサム寺院にある大仏

東塔門

プリア・パリライは10番で紹介した王宮跡の北に位置する仏教寺院です。ジャングルの中にひっそりとたたずむ中央祠堂のある建築物ですが、詳細はわかっていません。プリア・ピトゥからプリア・パリライに行く途中にはテップ・プラサム寺院があります。上座部仏教の座像が設置されていて、村人の信仰対象になっています。奥の

中央祠堂

盛土に立っている東塔門は方向によって印象が違うので、360度、各方向から眺めてみるのもいいかもしれません。

インドラ神、寝釈迦、仏陀の彫刻が並んでいますが、塔が建てられている土台のレンガにしっかりと根を張った植物がとても印象的な遺跡です。

第13番　勝利の門／アンコール・トム遺跡群／世界遺産

No.13 Gate of Victory ／ Around Angkor Thom ／ World Heritage

ジャヤヴァルマン7世（在位1181－1219年頃）

アンコール・トムはアンコール・ワットの完成からおよそ50年後、アンコール王国最強の王、ジャヤヴァルマン7世によって造られました。一辺は2㎞、高さ8ｍの城壁に囲まれた「大きな都」という意味の都城です。この都には5つの門があります。アンコール・ワットを

勝利の門

勝利の門上部に鎮座する観音菩薩像

死者の門。どこか寂しさがただよう

経て多くの観光客が訪れますが、その場合は南門から入ります。

中に入るとバイヨン寺院があります。その右手を回って東に進むと死者の門があります。これは戦争に負けたとき、兵士たちと死者の棺が通過するための門です。

死者の門からさらに北に進むとそこが勝利の門です。

戦争に勝った時、兵士たちはこの門を通り意気揚々と行進して、王族が待ち受ける象のテラスに入ります。ここで勝利宣言と戦利品のお披露目をしたのでしょう。ただし、死者の棺だけは死者の門を通り、バイヨン寺院で供養されたといわれています。

死者の門にある三鼻象の彫刻

苔むす北門

兵士たちが門から入ると、その一直線上に象のテラスと塔門があります。この門を見ると、巨大な象が通るには少し狭いのではないかと思えます。敵が攻めてきたときに撃退しやすいように設計したのかもしれません。

勝利の門は、横にある石段を上ると門の上に出られ

西門。修復され車も通れる

ます。四面塔の横に観音菩薩の彫刻があります。

北門と西門には観光客はあまり訪れません。デザインは同じですが。北門には多くの苔が張り付いていて、なんとなく寂しさを感じます。一方の西門は、修復が終わったばかりで、はっきりした彫刻を見ることができます。アンコール・トム巡礼の際は、車かトゥクトゥクで5つの門を訪ねてみてください。

西門。三鼻象の上にはインドラ神（雷神）がのる

第14番　プノン・バケン／アンコール・トム周辺遺跡群／世界遺産／アンコール三聖山

No.14 Phnom Bakheng ／Around Angkor Thom ／World Heritage ／9世紀末／ヒンドゥー教

ヤショーヴァルマン1世（在位889－910年頃）

ヤショーヴァルマン1世はインドラヴァルマン王の息子です。前王時代の王都はハリハラーラヤ（現在のロリュオス遺跡）にありました。ヤショーヴァルマン1世は893年にロレイ寺院を建設して父母、祖父母を慰霊しました。その後さらに、第1次アンコール王都の建設王

6層の基壇をもつプノン・バケン遺跡への階段

プノン・バケンからアンコール・ワットを望む

プノン・バケン頂上にある象徴的な遺跡

頂上から見る夕陽

デバター像

として、標高67mのプノン・バケン山に王都ヤショーダラプラを建設し、プノン・バケン寺院を完成させました。高さ47mの5点型祠堂は、下から見ると三祠堂の小塔が見えます。これはヒンドゥー教の3神が世界を維持する「三神一体」を表しています。

「プノン・バケン山」「プノン・クロム山」「プノン・ボーク山」はアンコール三聖山と呼ばれています。麓でアンコール・パスを見せて入場し、頂上まで勾配のきつい参道を上ります。さらに6層の基壇を登ると5棟の祠堂があり、アンコール・ワットも含めてアンコール地域全体を360度見渡すことができます。ここは夕日の名所なので一日の最後に訪れるといいかもしれません。季節によって日没の時間が異なるので、あらかじめネットで調べておいたほうがいいでしょう。なお、ここはドレスコードが比較的厳しく、短パン、タンクトップ、キャミソールなどでの入場は不可となっています。なお、ドレスコードについて補足しておくと、アンコール・ワットなどは短パン、ミニスカート禁止です。入口でクロマーとよばれる大きな布を貸してくれるので、それを腰に巻いて入ります。プノン・バケンではそういうサービスがないので注意が必要です。

第15番　プノン・ボーク／アンコール三聖山

No.15 Phnom Bok ／ Around Angkor Thom ／9世紀末／ヒンドゥー教
ヤショーヴァルマン1世（在位889－910年頃）

プノン・ボークは、アンコール時代（9世紀から10世紀）に建てられた仏教寺院です。この山は、アンコール遺跡群の中でも特に重要な場所とされており、観光客や巡礼者にとって魅力的なスポットとなっています。

ピラミッドのような形状を持つ山で、その頂上にはプノン・ボーク寺院が建てられています。頂上からは、周囲の美しい景色を眺めることができ、特に夕日の時間帯には美しい光景が広がります。ただし、この時間帯には混雑することがあります。早めの訪問をおすすめします。

プノン・ボークはアンコール・ワットから比較的近く、車やモー

プノン・ボーク寺院

しっかりと石に絡みつく植物

しびれる階段。628段ある

階段を登りきると絶景が開ける

ターバイクで行くことができます。麓から急斜面を登り、６２８段のコンクリート製階段、さらに急斜面の登山が待ち構えています。感覚としては１０００段以上階段を上る感じで、７８５段ある香川県の金毘羅山よりもきついと感じました。しかし頂上からの景色は文字どおりの絶景で、登りのきつさを忘れさせてくれます。

　頂上への登山にはそれなりの体力が必要です。適切な服装と靴を着用し、水を持参したほうがいいでしょう。運動不足の方は翌日筋肉痛になること間違いなしなので、余裕のあるスケジュールで訪れましょう。

　繰り返しになりますが、ここはアンコール遺跡群の中でも特に魅力的な場所の一つです。アンコール・ワットや周辺の遺跡を訪れるなら見逃せないスポットです。美しい景色や歴史的価値を感じながら、この古代遺跡を探索してみてください。

　ガイドブックにも紹介されていないアンコール三聖山の一つ、プノン・ボーク。遺跡の崩れ方や、石にどっしりと根を生やした大木が見ものです。頂上から遺跡を見ると、こんなに急峻な山の上に重機なしで巨大な石を運んだ当時の技術に感心させられます。

第16番　バクセイ・チャムクロン／アンコール・トム周辺遺跡群／世界遺産

No.16 Baksei Chamkrong ／ Around Angkor Thom ／ World Heritage

ハルシャヴァルマン1世&ラージェンドラヴァルマン2世／10世紀初頭／ヒンドゥー教

バクセイ・チャムクロン

東側の森から見る

バクセイ・チャムクロンは、アンコール遺跡群の中心地であるアンコール・トム周辺に位置しています。この遺跡は、アンコール王国時代の10世紀に建てられたヒンドゥー教寺院であり、比較的小規模ながら、重要な歴史的な価値を持つ遺跡です。

ここはピラミッド状の形状を持つ塔や建物で構成されています。塔の高さは約12ｍで、上部には祠堂がありましたが、現在は失われています。遺跡は石造りで、彫刻や浮き彫りが施された装飾が特徴です。

バクセイ・チャムクロンは「鳥が舞う都」という意味です。建築時は、周囲約27ｍのレンガ造りの基壇で、外周には壁があったとされています。塔にはシヴァ神が祀られていました。3層のラテライト壇上にもう1基を乗せ、レンガ造りの祠堂を1塔乗せるという、シンプルな構造のピラミッド式寺院です。正方形型で四面に階段がありますが、東側以外は偽扉で中に入ることはできません。かつてアンコールの都に敵軍が攻めてきた際、大きな翼を持つ鳥が現れ、その翼で王を守ったという伝説があります。

東門に続く階段

偽扉と階段

第17番　トマノン／アンコール・トム周辺遺跡群／世界遺産

No.17 Thommanon ／Around Angkor Thom ／ World Heritage
スールヤヴァルマン2世／12世紀初頭／ヒンドゥー教

トマノンは、アンコール・ワットから北に位置するアンコール遺跡群の一部で、アンコール・トムの東側にあります。この寺院は、11世紀後半から12世紀初頭にかけてのアンコール王国時代に建てられました。

トマノン

経蔵

美しいデバター像

マカラ、ナーガ、ガルーダ、ヴィシュヌ神が並ぶ見事な浮き彫り

ヒンドゥー教の特徴的な彫刻

アンコール遺跡群の他の寺院と同様に石造りで、美しい装飾が特徴です。寺院の外観はコンパクトで、ピラミッド状の塔が目立ちます。王宮正面の主要道路を東に行くと道の南北に向かい合う同規模の寺院があります。北側がトマノン、南側が次に紹介するチャウ・サイ・テボーダです。

トマノンはフランス極東学院によって、10年以上の歳月をかけて修復されました。そのため、ほぼ建築当時の姿が見られます。特に中央祠堂の周りにある優美なデバター像は必見です。破風にはユニークな浮き彫りがあり、マカラ、ナーガ、ガルーダとヴィシュヌ神との組み合わせが見事です。

第18番　チャウ・サイ・テボーダ／アンコール・トム周辺遺跡群／世界遺産

No.18 Chau Say Tevoda ／ Around Angkor Thom ／ World Heritage

スールヤヴァルマン2世／12世紀初頭／ヒンドゥー教

チャウ・サイ・テボーダの空中参道

参道途中にあるナーガ

チャウ・サイ・テボーダは、アンコール・ワットから東に位置し、ここもアンコール遺跡群の一部です。この寺院は、アンコール王国時代の12世紀に建てられたと考えられています。比較的小さな寺院ですが、ピラミッド状の塔や祠堂があります。道路を挟んで北側にあるトマノン同様、アンコール時代の芸術的な技法や様式を示しています。

チャウ・サイ・テボーダに

破風に描かれた大蛇

赤の彩色があるデバター像

は円柱で支えられた空中参道があり、中央祠堂と繋がっています。祠堂には優美な赤い彩色のデバター像があるので見逃せません。中央祠堂と拝殿、東楼門、空中参道、東塔門は連続して繋がっています。その先には道の両側にリンガを建てた参道があり、ここにも優美なデバターの浮き彫りが多数みられます。素晴らしい空中散歩が楽しめる寺院です。

第19番　タ・ケウ／アンコール・トム周辺遺跡群／世界遺産

No.19 Ta Kev ／ Around Angkor Thom ／ World Heritage

ジャヤヴァルマン5世（在位960－1000年頃）／11世紀初頭／ヒンドゥー教

灰色の壁面をもつタ・ケウ

第１回廊

タ・ケウは、アンコール・ワット建築の肩慣らしとして建築がはじまったといわれています。ところが、ジャヤヴァルマン５世王の突然の死によって、未完成のまま放置され、今に至ります。石の色がどことなく灰色で、周辺の遺跡とは明らかに色が違います。５塔主堂型平面構造で、ピラミッド式寺院の周囲に二重回廊を組み合わせた建築様式を取り入れています。

経蔵

中央祠堂への階段

第２回廊

タ・ケウは「クリスタルの古老」という意味があります。タはおじいさんを意味します。直訳すると「ケウじいさん」となります。

第20番　バンテアイ・クディ／アンコール・トム周辺遺跡群／世界遺産

No.20 Banteay Kdei ／ Around Angkor Thom ／ World Heritage
ジャヤヴァルマン7世（在位1181−1219年頃）／12世紀末／ヒンドゥー教・仏教

ヒンドゥー教から仏教に改宗されたバンテアイ・クディ

２００１年に上智大学アンコール遺跡国際調査団が、敷地内から２９４体の廃仏を発見し話題になった遺跡です。それらの仏像は、深さ約１・５ｍ、底面一辺約２ｍの四角い穴が掘られ１体ずつ土砂をかけられ、丁寧に埋められていました。敷地内にはまだ多数の廃仏が埋

通路は一直線で結ばれている

デバター像

まっているのではないかとも噂されています。

発掘された仏像は現在、プリア・ノロドム・シハヌーク・アンコール博物館に展示されています。ここはぜひ訪れる価値があります。

「僧房の砦」という意味があるこの遺跡は、ヒンドゥー教寺院として建てられ、その後ジャヤヴァルマン7世によって仏教寺院に改築されました。僧侶が生活するために、回廊などが造りかえられています。中に入ると、東楼門、ナーガのあるテラス、踊り子のテラス、前柱殿、中央祠堂などの建築物が並んでいます。

「ナーガ」とは、ヒンドゥー教や仏教の宗教・神話に登場する、蛇の姿をした神、あるいは精霊とされています。南アジア、特にインド、カンボジア、タイ、ラオス、ベトナムなどの文化や信仰に深く根付いており、各地にさまざまな形で現れます。一般的に大蛇として表現されますが、その姿は神話や伝説によって様々で、多頭、多眼。宝石で飾られた王冠を戴いていることがあります。一部の伝承では、人間の上半身と蛇の下半身を持つとされることもあります。

宗教的には、ヒンドゥー教と仏教の両方で重要な役割を果たします。ヒンドゥー教では、神話において神々と

塔門の彫刻

保存状態のよいデバター像が並ぶ

のつながりを持つ神秘的な存在とされ、主に水の神として崇拝されます。仏教では、誕生時の仏陀を保護したとされ、善悪を区別しない存在として登場します。

仏教においてナーガは守護の役割を担います。宝石や財宝がナーガの王冠にあしらわれ、地下の宝物を守る番人とされることがあります。

ナーガのイメージは建築物や彫刻、アート作品にも頻繁に登場します。特に南アジアの寺院や仏教の遺跡においてはしばしばナーガの彫刻が見られます。

このように、ナーガは南アジアの文化や信仰に深く組み込まれており、人々に対する保護や繁栄の象徴とされています。祭りや儀式においても重要な役割を果たし、信仰と文化の一部となっています。

踊り子のテラス

ナーガのテラス

ナーガ（蛇の姿をした神）

第21番　タ・プローム／アンコール・トム周辺遺跡群／世界遺産

No.21 Ta Prohm ／ Around Angkor Thom ／ World Heritage

ジャヤヴァルマン7世（在位1181-1219年頃）／1186年／仏教・ヒンドゥー教

タ・プローム最大の巨木 手前に撮影用のデッキが設置されている

タ・プロームは映画「トゥームレイダー」で紹介されたことで世界的に有名になりました。巨木が石に食い込む姿が印象的なジャングルの遺跡です。当時5000人の僧侶と615人の踊り子が住んでいたと伝えられています。

樹齢300~400年にもなる、巨大に成長したスポアン（榕樹）が石の建造物を押しつぶすがごとく、遺跡を侵食している光景は圧巻です。

元は、ジャヤヴァルマン7世

が母を弔うために創った仏教僧院ですが、後にヒンドゥー教院に改築されたとみられています。そのためか、仏教色の強い彫刻の多くが削り取られています。

中央祠堂の周辺には精密な彫刻で有名なデバター像がたくさんあります。碑文には、ここには仏像や金銀財宝が収められていたと書かれていたそうです。建築当時は壁に宝石やガラスが埋め込まれていましたが、現在は盗掘により穴だけが残されています。髪の長い女の子の伝説が彫られた浮き彫りは要チェックです。

ここにはガイドブックにも紹介されていない、アンコール最大の謎が隠されています。それは建設当時のクメール人が知らないはずの恐竜の彫刻です。ゴジラのモデルにもなったステゴサウルスは、ジュラ紀後期、１億５０００万年前に現在の北米に生息していたといわれており、体調は６～９ｍ程度。１８７７年北米大陸でマーシュが発見し命名した恐竜です。その後２０１６年に中国重慶市で発見されると、２０１９年にはモロッコでも発見されたため、北米大陸、ユーラシア大陸、アフリカ大陸に生息していたことがわかりました。

建物を押さえつける力強い根

オカルト映画に出てきそうな絡まり方

灰色のデバター像は珍しい

西門・東門のどちらからでも入れる

タ・プロームのステゴザウルス？

回廊を踏みつけて押し潰す巨木

タ・プロームが創建されたのは１１８６年です。ステゴサウルスの化石が発見される６９１年も前です。それなのになぜ壁に恐竜のような彫刻があるのか？　あるいは似たような動物がいたのか？　いや……。

「髪の長い女の子」伝説の浮き彫り

謎は深まるばかりです。それに、今にいたってもカンボジアでステゴザウルスの化石が発見されたというニュースはありません。この謎が解ければノーベル賞クラスかもしれませんね。ぜひ、恐竜の浮き彫りを探してみてください。

第22番　スラ・スラン／アンコール・トム周辺遺跡群／世界遺産

No.22 Sras Srang ／ Around Angkor Thom ／ World Heritage

ジャヤヴァルマン7世（在位1181－1219年頃）／12世紀末

20番で紹介したバンテアイ・クディの近くにあるスラ・スランは、バンテアイ・クディに関連した施設の一部とされています。バンテアイ・クディは12世紀のアンコール王国時代に建てられましたが、その名前が示すように「仏教徒の寺院」という意味を持ち、仏教の宗教的な活動や修行に利用されていたと考えられています。

こちらのスラ・スランは、仏教寺院としての機能を持たず、王が沐浴するための池とされています。池の中央に塔が建っており、ここで王が瞑想をしていたと考えられています。人気の夕日スポットでもあります。

テラスから池を望む。王はどこに座ったのだろうか

王はここから池に入って沐浴したのだろうか

テラスは1段高くなっている

平坦な造りのテラス

第23番　プラサット・バッチュム／アンコール・トム周辺遺跡群／世界遺産

No.23 Prasat Bat Chum ／ Around Angkor Thom ／ World Heritage

ラージェンドラヴァルマン2世（在位944－968年）／10世紀中頃／仏教

3つの塔が並ぶ仏教寺院、プラサット・バッチュム

寺院の一部とみられる彫刻が放置されていた

長らく道が整備されず訪れることができなかった遺跡です。1994年にフランス極東学院とアプサラ機構・文化遺跡局の協力により道路整備が行われました。3主堂式、レンガ造りの小さな遺跡で3つの塔にはそれぞれ碑文が残されています。東メボンと同じ建築家が建てたと碑文に残されています。日本の狛犬とよく似たシンハ像の階段を登って見学できます。

プラサット・バッチュムは、長らく放置されていたため、自

遺跡の前には必ず遺跡名の石板がある

然の力によって部分的に崩壊しています。しかし、最近では修復作業が進められ、訪れる人々に寺院の美しさを再び見せるようになりました。

第24番　プラサット・クラヴァン／アンコール・トム周辺遺跡群／世界遺産

No.24 Prasat Kravan ／ Around Angkor Thom ／ World Heritage

ハルシャヴァルマン1世（在位910－922年頃）／921年／ヒンドゥー教

プラサット・クラヴァンは、アンコール遺跡群の中でも比較的小規模な寺院です。アンコール王国時代の10世紀に建てられました。この寺院は、ヒンドゥー教の宗教的な目的で使用されていたと考えられています。すべてレンガ造りの平地式寺院で、特に内部の壁面に美しい

レンガ造りのプラサット・クラヴァン。内部の壁面彫刻が美しい

各塔ににブラフマー、ヴィシュヌ、シヴァの三神が祀られている

ガルーダに乗るヴィシュヌ神

ヴィシュヌ神の妻、ラクシュミー

八手のヴィシュヌ神を取り囲むのは瞑想者

浮き彫りや彫刻が施されています。

プラサット・クラヴァンの特徴的な点としては、内部に5つの独立した祠堂があることです。1つの基壇に5つの塔が東向きに並んでいます。各祠堂はそれぞれの神々へ捧げられた場所であり、独立して存在しています。これはアンコール遺跡群の中でも珍しい構造とされています。

ヴィシュヌ神を祀った中央塔の内部には、ヴィシュヌ神の浮き彫りがあります。一番北側の塔にはヴィシュヌ神の妻、ラクシュミーの立像があります。ラクシュミーはその美しさから、インドでは理想の女性として人気があります。神々と阿修羅が不老不死を求めて乳海を攪拌すると海の中から現れたとされるこの女神は、不老不死の象徴なのかもしれません。この寺院の浮き彫りの像は保存状態もよくかなり見応えがあります。

第25番　プレ・ループ／アンコール・トム周辺遺跡群／世界遺産

No.25 Pre Rup ／ Around Angkor Thom ／ World Heritage
ラージェンドラヴァルマン2世（在位944－968年）／961年／ヒンドゥー教

レンガ建築のプレ・ループ

東塔門の左右に5基の祠堂が並ぶ

プレ・ループは、アンコール遺跡群の中でも比較的大規模な寺院の一つであり、中心となる祠堂とその周りの回廊で構成されています。石造りで、美しい彫刻や装飾が特徴です。

この寺院は、一部が塗装された赤い煉瓦を使用していることから、「赤い祠堂」とも呼ばれています。現在はその塗装も剥がれていますが、かつ

シンハ像を後ろから見る

ては鮮やかな赤い色に輝いていたのでしょう
中心の祠堂は高さがあるため、遺跡の頂上からは周囲の景色を一望することができます。特に夕日の時間帯に訪れると、美しい光景を楽しむことができます。
次に紹介する東メボンとよく似た造りですが、こちらのほうが規模は大きいです。火葬の儀式が行われたといわれる石槽が残っています。

第26番　東メボン／アンコール・トム周辺遺跡群／世界遺産

No.26 East Mebon ／ Around Angkor Thom ／ World Heritage
ラージェンドラヴァルマン2世（在位944－968年）／952年／ヒンドゥー教

ピラミッド式基盤の東メボン

周壁の四隅には象が立っている

東メボンは、アンコール遺跡群の中でも比較的小規模な寺院の一つであり、クメール王国時代の10世紀に建てられました。この寺院は、ヒンドゥー教の宗教的な儀式や礼拝のために使用されていたと考えられています。

煉瓦で建てられており、ピラミッド状の構造を持ち、中央に祠堂があります。外観は石造りで、彫刻や浮き彫りが施されています。

東メボンは、かつては7×2・5㎞の巨大な東バライという人工的な貯水池に囲まれていましたが、現在はその一部しか残っていません。この溜池は、集約的な農業を促進する役割があったとされています。また、宗教儀式や飲料水確保、都城の景観にも使われていたのでしょう。ただ、現在は池の水が干上がってしまい、陸地となっています。

第27番　バンテアイ・サムレ／アンコール・トム周辺遺跡群／世界遺産

No.27 Banteay Samre ／ Around Angkor Thom ／ World Heritage

スールヤヴァルマン2世（在位1113−1150年頃）／12世紀初頭／ヒンドゥー教

高い塀で囲まれたサムレ族の砦

阿修羅と戦うヴィシュヌ神

バンテアイ・サムレは、アンコール遺跡群の中でも小規模ながらも美しい寺院の一つです。この寺院は、クメール王国時代の12世紀に、スールヤヴァルマン2世の治世下で建造されたと考えられています。

この寺院は、クラシックなアンコール様式の建築と装飾を特徴としています。石造りの祠堂と回廊があり、美しい彫刻や

敷地が広くゆっくりと巡礼できる

浮き彫りが施されています。

バンテアイ・サムレは、その美しさと保存状態のよさから、アンコール遺跡群の中でも人気のある観光スポットです。有名な寺院に比べて、比較的静かな雰囲気があり、広い敷地をゆっくりと探索することができます。

バンテアイ・サムレはアンコール・ワットに似たところがあり、小アンコール・ワットと呼ばれることもあります。勇猛な古代民族サムレにちなんで「サムレ族の砦」の意味を持ちます。

第28番　タ・ソム／アンコール・トム周辺遺跡群／世界遺産

No.28 Ta Som ／ Around Angkor Thom ／ World Heritage
ジャヤヴァルマン7世（在位1181－1219年頃）／12世紀末／仏教

タ・ソム西門

タ・ソム東門

タ・ソムは、アンコール遺跡群の中でも比較的小規模な寺院の一つであり、アンコール王国時代の12世紀に、ジャヤヴァルマン7世の治世下で建設されたと考えられています。

石造りの建築物で構成されており、祠堂や回廊があります。外観は美しい彫刻や装飾が施されており、特に寺院の東側には、巨大なフィギュアであるアバロカイト（半閉じの目）の顔が刻まれた門があり、この寺院の特徴となっていましたが、今は高木の根に締めつけられています。

長い間放置されていたため、自然の力によって一部が崩壊しています。しかし、近年では修復作業が行

東門にあるデバター像

髪の毛を絞るデバター

われ、訪れる人々にその美しさを再び見せるようになりました。小規模ながらも美しい彫刻と、ヒンドゥー教の宗教的な雰囲気を楽しむことができるアンコール遺跡の一つです。アンコール遺跡群を探索する際には、タ・ソムを訪れることで、より充実した体験を得ることができます。その歴史的な価値と美しさから、歴史や芸術に興味のある旅行者にとって魅力的なスポットです。

第29番　プリア・カーン／アンコール・トム周辺遺跡群／世界遺産

No.29 Preah Khan ／ Around Angkor Thom ／ World Heritage

ジャヤヴァルマン7世（在位1181－1219年頃）／1911年／仏教

プリア・カーンはコンポン・トムにもあり、そちらは大プリア・カーンと呼んで区別しています。「聖なる剣」という意味を持ち、ジャヤヴァルマン7世がチャンパ軍との戦いに勝利した記念として建てられました。またジャヤヴァルマン7世の父であるダーラニンドラヴァルマン2世の墓があることから、菩提寺でもあると考えられます。

石碑文には、プリア・カーン運営に10万人もの人が従事していたとあります。それが本当だとすると当時のアンコール王国はとんでもな

王の図書館

ジャヤヴァルマン7世最初の妻ジャヤラージャ・デーヴィー（妹）

2番目の妻インドラ・デーヴィー（姉）

ダーラニンドラヴァルマン2世の墓

く繁栄していたことになります。アンコール王都全体で40万人という説がありますが、ここだけで10万人が携わったのだとしたら、100万人都市であったとしてもおかしくないように思います。

中央祠堂の北東に建つ2階建ての建造物は他にはない珍しいものです。ここは王の図書館ではないかといわれています。

巨大なガルーダの浮き彫りを見て、ナーガ像のあるテラスを通ると、13人の踊るアプサラの浮き彫りがある「踊り子のテラス」に出られます。また、ここには王の2人の妻、姉のインドラ・デーヴィーと妹のジャヤラージャ・デーヴィーが、美しい浮き彫りとして祀られています。

ジャヤヴァルマン7世は1181年に王位に就きました。即位直後に最初の妻で妹のジャヤラージャ・デーヴィーが没し、ジャヤヴァルマン7世は彼女の姉インドラ・デーヴィーを新たに王妃として迎え入れます。

インドラ・デーヴィーは王の側近として重要な役割を果たし、王国の統治において重要な役割を果たし、王の政策や寺院の建設に関与しました。特にバイヨン寺院の建設など、彼女の影響力が大きかったとされています。

第30番　ニャック・ポアン／アンコール・トム周辺遺跡群／世界遺産

No.30 Neak Pean ／Around Angkor Thom ／World Heritage

ジャヤヴァルマン7世（在位1181－1219年頃）／12世紀末／仏教

ニャック・ポアン、ジャヤタターカ（大池）、プリア・カーンは、同時期に東西一直線上に建設された関連遺跡です。「絡み合う蛇」の意味を持つニャック・ポアンは、その名のとおり2匹の蛇が絡み合う祠堂が池の中央にあります。中央池の周辺に小池が4か所配置され、四

池の中心に立つ中央祠堂

ニャック・ポアンへ続く湖上の道

天を駆ける神馬ヴァラーハが水面から顔を出す

中央池から四方の小池に水を流し水量を調整する

池にしずむ巨大な水草

方に水が流れる仕掛けは、当時の土木技術の高さを感じさせます。池にはインド神話を題材にした神馬ヴァラーハの彫刻があります。この遺跡に行くまでには大きな池の横を通りますが、水中には日本では見られないような巨大な水草があります。

第31番　西メボン（西バライ）／シェムリアップ周辺遺跡／世界遺産

No.31 West Baray ／ Around Siem Reap ／ World Heritage
スールヤヴァルマン1世（在位1011－1050年）／11世紀末／仏教

修復中の西メボン寺院

西メボン（西バライ）は東西8㎞、南北2㎞、高さ10mの堤に囲まれた大貯水池です。975年に工事がはじまり1020年に完成したとされています。

バライとはアンコール地区の安定した農業用水確保として造られた溜池で、池の中心には西メボン寺院があります。正方形の周壁には小塔が配置され中心部には貯水池と銅管で繋がった井戸があり、ここでバライの水位を測定していました。1938年、現在プノンペン国立博物館に展示されている「横たわるヴィシュヌ像」の上半身が発見されたのはここです。

修復後のイメージ図

ボート乗り場

堤防

西メボンへのアクセスは、西バライボート乗り場からエンジンボートで渡ります。

２０１９年には大規模な修復工事がはじまり、完成は未定とのことでした。私が行った２０２１年も修復作業中でしたが、見学は可能でした。

第32番　アック・ヨム／シェムリアップ周辺遺跡／世界遺産

No.32 Ak Yum ／ Around Siem Reap ／ World Heritage

7世紀後半／ヒンドゥー教

前アンコール王国時代の王都アック・ヨム

アック・ヨムが沈んだ西バライ

クメール王国時代、カンボジアの王都は時折変わることがありました。アック・ヨムは、前アンコール王国時代の最初の王都ソンボール・プレイ・クック（7世紀前半）の後、前の王都とは異なる場所に新しい王都として7世紀後半に建設されたと考えられています。

アック・ヨムはヒンドゥー教の寺院として建設され、宗教的な重要性を持っていました。新王都としてのアック・

裏から見たアック・ヨム

ヨムは、前アンコール時代の宗教的な中心地としての役割も果たしました。ヒンドゥー教の世界観であるメール山崇拝が強まり、基壇を積み上げた山岳式の寺院を作ることが求められたからともいわれています。

アック・ヨムはまた、アンコール遺跡群の一部として世界遺産に登録されており、多くの観光客や研究者が訪れてその歴史と文化を探求しています。

西バライの南に位置する寺院で、西バライ建設のために大部分が池に沈んでおり創建当時の規模はわかりませんが、土手を降りて裏に回ると、ある程度の大きさがあった遺跡であることが見てとれます。

第33番　プノン・クロム／シェムリアップ周辺遺跡／アンコール三聖山

No.33 Phnom Krom ／Around Siem Reap

ヤショーヴァルマン1世（在位889－910年頃）／9世紀末／ヒンドゥー教

レンガと砂岩で造られた小堂

プノン・クロム聖山からの眺め

東南アジア最大のトンレ・サップ湖畔にある標高137mの小山、プノン・クロムの上にある、一辺50mの壁に囲まれたヒンドゥー教の3つの祠堂と4つの小堂からなる遺跡です。

小堂はレンガ造り2基、砂岩造り2基でそれぞれ建設された時代が違うように思えます。

祠堂にはヒンドゥー教三大神のヴィシュヌ、シヴァ、ブラフマーが祀られ、山岳信仰

祠堂

の影響が感じられます。頂上からの眺望は最高で、アンコール三聖山の一つであるプノン・クロムの姿を楽しめます。

今ではカンボジア人のハイキングコースにもなっている身近な遺跡です。頂上付近までは舗装された山道を車で行けますが、その途中、思わず車を止めて写真を撮りたくなる絶景が広がります。シェムリアップ市内はもちろん、遥かトンレ・サップ湖まで見渡せます。遺跡の裏には公園があり、弁当を広げてくつろぐ家族の姿が見られます。

第34番　ワット・アトヴィア／シェムリアップ周辺遺跡

No.34 Wat Athvea ／ Around Siem Reape
スールヤヴァルマン2世（在位1113－1150年頃）／12世紀前半／ヒンドゥー教

ワット・アトヴィアは、シェムリアップ市とトンレ・サップ湖の真ん中あたり、シェムリアップ川の西岸に位置する中規模のヒンドゥー教の遺跡です。

アンコール王国時代は船でトンレ・サップ湖へ渡り、小船に乗り換

ワット・アトヴィア中央祠堂

敷地入口には仏教寺院があり遺跡はその先にある

経蔵

えて川を遡上する際の最初の休憩地となっていました。今では訪問者も少なく、静かに落ち着いた巡礼をしたい人におすすめの遺跡です。

敷地入口の仏教寺院を通り越して奥まで進むと、平地式の中央祠堂が見えてきます。私はグーグルマップで調べて訪れましたが、目的地がわかりにくく、何度も迷った末に辿り着きました。なお、ここの入場チケットは現地払いです。常駐する遺跡管理者がいます。

周壁

裏から見たワット・アトヴィア

第35番　ロレイ／ロリュオス遺跡群／世界遺産

No.35 Lolei ／ Roluos ／ World Heritage
ヤショーヴァルマン1世（在位889-910年頃）／893年／ヒンドゥー教

ロレイ

修復が進むロレイ

ヤショーヴァルマン1世の父、インドラヴァルマン1世をはじめ、祖先を祀ったのがこの寺院です。アンコール王国のはじまりは、シェムリアップから国道6号線をプノンペン方面に約10㎞行ったあたりのロリュオスで、ここに王都がありました。その後、アンコール（現在のシェムリアップ）に移りました。

見渡す限り実る稲穂

国道6号線から北に農村地帯のあぜ道を進んでいくと、仏教寺院と学校の敷地内に小高い丘が見えてきます。ロレイは建立当時、貯水池の中央にある小島の上に建設されていました。両側が田園地帯で、本当に遺跡があるのか心配になってきたところ、小さな町があらわれ、小学生が遊んでいました。大人たちは手に鎌を持ち、田んぼで稲刈りをしていました。

カンボジアの農業は、雨季になると籾を手でばらまきます。それだけで1年に2回、コメの収穫ができます。密集して生育するので、刈り取りは手作業です。コンバインなどは見あたりませんでした。

なおロレイについては、私が行った2022年時点では大規模な修復工事が行われていて、写真の1棟しか撮影できませんでした。

第36番　プリア・コー／ロリュオス遺跡群／世界遺産

No.36 Preah Ko ／ Roluos ／ World Heritage

インドラヴァルマン1世（在位877-889年頃）／879年／ヒンドゥー教

プリア・コー正面

カーラ

国道6号線から南に進んで最初にあるロリュオス遺跡です。

プリア・コーは「聖なる牛」という意味の名をもつ寺院です。前後3基、計6基の祠堂が建てられ、その前面には聖牛ナンディン像が佇んでいます。祀堂は正面から見ると3基に見えますが、実は5基の塔からなっています。祠堂入り口上部につけられている楣（まぐさ）の浮彫は5頭のナーガとガルーダ、カーラ（時間を象徴する神）のモチーフが見事です。門衛神ドヴァラパーラの立像浮彫も見逃せません。

聖なる牛ナンディン

門衛神ドヴァラパーラ

第37番　バコン／ロリュオス遺跡群／世界遺産

No.37 Bakong ／ Roluos ／ World Heritage
インドラヴァルマン1世（在位877－889年）／881年／ヒンドゥー教

バコン正面入口

裏側から見たバコン

アンコール王国第3代国王のインドラヴァルマン1世が建設した、世界遺産ロリュオス遺跡群で最も規模の大きい遺跡です。本格的ピラミッド型寺院として、旧来のレンガ造りから、砂岩を主材として建立された最初の寺院とされています。中心部を構成する5壇の基盤は65m×67mのほぼ正方形で、基壇にはそれぞれテーマがあり、下から

聖なる牛ナンディン

ナーガ、ガルーダ、夜叉、羅刹、神の世界となっています。周壁は3重になっていて、祠堂が東西南北にそれぞれ2基、合計8基あり、中央にはピラミッド型の基盤があります。ピラミッドの四辺は聖なる牛ナンディンが守りを固めています。西塔門が裏口になりますが、門の外では地元の人々が民族楽器を演奏していました。

カンボジアの遺跡は夕陽がきれいなところが多いのですが、ここもそうです。西塔門方面に夕陽が沈むので、シャッターチャンスを逃さないようにしましょう。

第38番　ソンボール・プレイ・クック／密林の五大遺跡／世界遺産

No.38 Sambor Prei Kuk ／ Five major ruins of Jungle ／ World Heritage

イーシャーナヴァルマン1世（在位616－628年頃）／7世紀初頭／ヒンドゥー教

ソンボール・プレイ・クックは、密林の五大遺跡の一つで、2017年7月にカンボジア3番目の世界遺産になった前アンコール時代遺跡です。アンコール王国になる前の616年頃に建築されたと考えられていて、クメール人の最初の首都とされています。

八角形の祠堂

圧巻の締めつけ

木の中に家がある

真臘国（クメール人の国）は、元はベトナムの南部にあった扶南の属国でした。次第に力をつけ、扶南を併合して水真臘（海のクメール国）、陸真臘（陸のクメール国）を統一後、クメール人が建設した最初の都城がソンボール・プレイ・クック（イーシャーナプラ都城）です。その中には2万余りの家があり、城中には大殿堂、大城の総数は30城に及び数千の家があったといわれています。都の近くの山には常に２０００人の兵をもって守っていたとされます。とすると、この時代に都には10万人以上が居住していたのではないかと思われます。６１６年には中国の隋朝にも朝貢を行っていました。

主要な遺跡群は東西６㎞、南北４㎞以上にわたる広範囲に点在しています。中心部はプラサット・サンボー（北グループ）、プラサット・タオ（中央グループ）、プラサット・イエイ・ポアン（南グループ）に分けられます。

現地には敷地配置図もないことから。地元ガイドを雇わないと巡礼は難しいと思います。入口に入場券を購入する建物があり、そこでガイドの予約ができます。なお。２０２１年のガイド料は5ドルでした。

基本的にはレンガ造り8角形の塔（当時の家）が多数、点在しています。アメリカ軍の爆撃の跡や、遺跡に絡みついた巨木などを観察できます。世界最古の木造建築である法隆寺が創建されたのが６０７年ですから、ほぼ同年代に２００基以上の祠堂（現存するのは約60基）を建築したクメール人の技術には驚かされます。

プノンペンから行く場合は、朝早く出てコンポントムまで国道6号線を北上し、そこからさらに62号線を登っていきます。だいたい5時間ほどの距離です。

ソンボール・プレイ・クックは敷地が大きいので、遺跡巡礼に3時間くらいはかかります。密林の五大遺跡をまわるルートとしては、一度コンポントムまで戻り、１泊して早朝に出発して大プリア・カーン、さらにトベングミーンチェイで1泊してプリア・ヴィヘアに向かうのがおすすめです。

第39番　コー・ケー／密林の五大遺跡／旧都／世界遺産

No.39 Koh Ker ／ Five major ruins of Jungle

ジャヤヴァルマン4世（在位928－942年）／10世紀初頭／ヒンドゥー教

コーケーはジャヤヴァルマン4世によってアンコールから遷都されたヒンドゥー教の寺院群です。2023年9月に、カンボジアで4番目の世界遺産として登録されました。

遺跡の面積は1187ha、さらに緩衝地帯が3523ha。総計

見事な7段ピラミッドのプラン寺院

プラン寺院の頂上まで階段で登るとコー・ケー全体が見渡せる

7段ピラミッドの階段はしっかりしているので安心

プノー・ダムレイ・ソー（白象の墓）

直系１ｍはありそうな巨大リンガ、
プラサット・トゥナン

遺跡も子どもたちの遊び場

プラサット・トム

４７１０haという途方もない大きさで、自然の中に遺跡が点在しています。アンコール・ワットの面積が約２００haですから、その大きさが想像できるでしょうか。まさに密林の幻の遺跡といえます。

シェムリアップから約１３０kmの距離にありますが、登っていく山道は狭く、スピードの遅いトラックやトラクターが行き交うため、思ったより時間がかかります。3時間ほどでしょうか。

コーケー遺跡群は60以上あるといわれますが、長らく道路状態が悪く訪問が困難な地域でもありました。アンコール王国成立後、コー・ケーは９２１年から９４１年までの20年間首都となっていましたが、その後アンコールに戻りました。なぜ戻したのかは謎です。

都城の中央には高さ35ｍの7段ピラミッドで有名な最大寺院のプラサット・トムがあり、頂上まで登ることができます。裏手に伝説の白象（娘を待ち続けて死んだ白象の王）の墓があります。ここからはコー・ケーを一望する景色が広がり、周辺の遺跡をじっくり鑑賞できます。５つの寺院プラサット・プラム、黒い貴婦人のニエンクマウ、象の寺院プラサット・ドムライなどがあります。

ここは２０１６年４月からプリア・ヴィヘア機構というところが管理を引き継いでいるため、アンコール遺跡群パスでは入場できません。私が訪れた祭、コロナ禍で観光客がだれもいなかったため、チケット販売店を見過ごしてコー・ケーに到着してしまいました。遺跡管理者に聞くと、その場での支払いは認められないのでチケット販売店まで戻って購入するようにと言われました。チケット販売店はコー・ケー遺跡群手前約10㎞のところにありますから、注意が必要です。道の右側にある比較的大きな建物が販売店です。

プラサット・アオプ・ネアング

プラサット・ダムレイ

コー・ケー入口にあるおみやげ屋

第40番　ベン・メリア／密林の五大遺跡

No.40 Beng Mealea ／ Five major ruins of Jungle

スールヤヴァルマン2世（1113－1150年頃）／12世紀初頭／ヒンドゥー教

ベン・メリアは密林の五大遺跡の中でもとくに人気の高い遺跡で、シェムリアップ中心部から東へ約40㎞のところにあります。アンコール・ワット、ベン・メリア、大プリア・カーンの3遺跡は直線上に並んでおり、東西の大寺院、クーレン山、北東のコー・

倒壊した経堂

石の悲鳴が聞こえる

巡礼コースは安全が確保されている

ケーへ向かう交通の要衝であったと考えられています。11世紀から12世紀にかけてのアンコール王国時代に建設されました。

ベン・メリアは「花束の池」という意味で、アンコール・ワットと建築上の類似点が多いことで知られています。この遺跡には、「巨象の王の墓」があります。巨象の王が捕らえられた娘象を探し求めてベン・メリア境内を走り回り、破壊し、その後コー・ケーまで娘象を追いかけて息絶えたという伝説が元になっています。

深い森の中に埋もれた遺跡は破壊が進み、苔が生え、光と影の中を散策していると「天空の城ラピュタ」の世界に迷い込んだ気分になります。壊れたロボットがそこかしこに倒れているような気もしてきます。

石造りの寺院で構成されており、周囲には広大な境内が広がっています。寺院は自然に覆われた状態で残され

回廊に絡みつく巨木の根

寺院回廊内

神話のレリーフ

ており、蔦や木々が建物に絡みついた風景が特徴的です。この自然の侵食による風景が、ベン・メリアを訪れる観光客にとっての魅力の一つとなっています。建物に絡まる巨大な植物やうず高く積み上げられた石柱など時間が経つのを忘れてじっと眺めていられます。

ベン・メリアは、アンコール遺跡群の他の有名な寺院とは異なる雰囲気があります。緑に包まれた森林に広がる遺跡は、アンコール時代の建築の美しさと自然との融合を感じさせます。何度も訪れたい遺跡の一つです。

三重の回廊で守られている

まさに密林の遺跡

石切りの技術はかなり高い

第41番　バンテアイ・チュマー／密林の五大遺跡

No.41 Banteay Chhmar ／ Five major ruins of Jungle

ジャヤヴァルマン7世（在位1181－1219年頃）／12世紀／仏教

本書で紹介する中では、プノンペンから最も遠い遺跡です。プノンペンから8時間、約400㎞あるタイ国境の近くのシソポンからさらに右折して、山道をひたすら走ること約2時間。プノンペンから日帰り移動できる距離ではありません。私はシェムリアップから車を運転

千手観音像

入口には修復されたナーガの欄干とシンハがある

女性たちが万歳しているように見える

修復中の千手観音像

アンコール・トムのクリアンに似た小祠堂

四面仏（観音菩薩）の塔

千手観音の浮き彫りは外環濠の入口にある

して行きましたが、それでも約170㎞あり、4時間以上かかりました。逆にタイ国境からはわずか22㎞のところにあります。なお、この遺跡の入場料は現地払いです。

バンテアイ・チュマーはジャヤヴァルマン7世が子どもの死を弔うために建立した寺院で、同時に、当時のアユタヤ王朝がアンコールへ侵略するのを阻止する重要な防衛拠点であったため、アンコールとタイを結ぶ古道近くに建立されたといわれています。しかしアンコール・トム建設の時期と重なっていること、ジャヤヴァルマン7世とあまり縁のないこの地方に子どもを弔うなど不自然なことが多く、密林の五大遺跡の中でも謎が多い遺跡です。

アンコール王国時代以前から西北部地方最大都市として栄え、周辺には広大な米生産地帯が広がり、12世紀当時で20万人近くの人口があったのではないかといわれています。中

ジャヤヴァルマン7世と女官たち

クメール軍の戦闘が描かれた彫刻

ブラフマー神と聖鳥ハンサにハープを奏でるバラモン

祈りをささげる仏教徒の浮き彫り

心にある寺院はプリア・カーンとほぼ同じ面積の仏教寺院です。回廊にはバイヨン寺院とよく似た浮き彫りがあり、戦闘場面や神仏関連、観音像などの彫刻が残されています。残念ながら1990年代に組織的な盗掘集団被害に遭い、多数の彫刻が剥ぎ取られてしまいました。それでもガルーダ、ブラフマー神などの浮き彫りが残されており見どころもたくさんあります。とくに有名なのは、遺跡の裏手にある観音菩薩像（千手観音）の浮き彫りです。

それにしても、誰がなぜここまで破壊したのかを考えさせられる遺跡です。

この遺跡が発見されたのは1880年です。1914年にフランス極東学院のグロリエが最初の調査を行いました。この地方は1907年にタイからカンボジアに返還されましたが、保護作業が行われず、そのまま密林の中に埋もれていました。

中央本堂の東には周囲３㎞のバライ（貯水池）がありバライの中央にメボン寺院があります。中央本堂は内濠、外濠に囲まれ、周辺８か所に寺院や祠堂が立っています。

参道にある入海攪拌の欄干。盗掘により頭部がなくなっている

象軍の行進

第42番　大プリア・カーン／密林の五大遺跡

No.42 Preah Khan（Kampong Svay）／Five major ruins of Jungle

スールヤヴァルマン１世（在位１０１１－１０５０年）／11世紀中頃／ヒンドゥー教

シェムリアップ市内から古道を通り、ベン・メリアを通過してさらに東に進みます。片道5時間以上、往復11時間はかかる、最も難易度の高い遺跡といえます。

ここは12世紀末からおよそ35年間、ジャヤヴァルマン7世がアン

プリア・チャトモック

石の重さに耐えかねて崩れそうな入口

これが灯明の家なのか？

コールの王になる前に駐留した、東の地方軍事拠点であったといわれています。外周壁は約19㎞あり、アンコール・トムの約1・5倍、アンコール・ワットの約5倍の面積があります。当時としてはアンコール都城に次ぐ第2の地方都市で、隣国チャンパーを攻略する際の補給基地でもあり、多くの象軍を訓練していたと伝えられています。遺跡に到着すると象の彫刻とプリア・チャトモック（仏陀四面立像）が迎えてくれます。

大プリア・カーンは10世紀から12世紀に建設された砂岩造りの大遺跡群で、プリア・ヴィヘア州に属します。19世紀末、フランスの調査隊が多数の彫刻を本国に持ち帰り、研究成果をあげましたが、今では彫刻の数も少なくなって

伽藍の中央部は崩れ落ちている

盗掘されたシンハ像の爪先。足から上が切り取られている

います。遺跡までの山道は整備されてきましたが、最後の24㎞ほどは悪路で、4輪駆動車が必要です。特に雨季は陥没した道路の穴に水がたまり、はまるとなかなか抜け出せません。実際、最初に訪問しようとした2020年は雨季で、水たまりにつかまり、数時間抜け出せず、やむなく引き返しました。2021年に4輪駆動車に乗り換えて再度挑戦しました。乾季でも悪路のため、カンボジア人運転手を雇うか、タクシーの利用をおすすめします。

盗掘などもあり、遺跡の損傷がひどくなっています。地元の人に聞くと、カンボジア内戦前（1975年以前）はとてもきれいな遺跡で、毎日お参りに行っていた、とのことでした。

爆薬で破壊したとの証言もある。爪痕はさながら戦争のようだ

アバター像。石がずれている

第43番　プリア・ヴィヘア／タイ国境／世界遺産

No.43 Preah Vihear ／ Thai border ／ World Heritage
ヤショーヴァルマン1世（在位880－910年頃）／9世紀末／ヒンドゥー教

2008年7月、カンボジアで2番目に登録された世界遺産です。ダンレック山地の北斜面を利用した山岳寺院で、コンポン・トムから車で4時間、往復8時間かかります。プノンペンから向かう場合は、約400㎞あるので、途中の州都トベングミーンチェイで1泊す

第1塔門。2000リエル紙幣の図柄にも使われている

トラックが参道につくと花売りのおばさんたちが駆け寄ってくる

タイ側からの参道。赤い屋根が国境

第４塔門

海抜650ｍの急峻な山頂に巨大な遺跡がずらりと並ぶ

山頂断崖からの絶景

第２参道とナーガの欄干

第１塔門

食欲旺盛な神、カーラは自分の体も食べつくして顔面のみとなった

るか、コンポントムで1泊するかになるでしょう。州都の近くにはプノントゥベンリゾートがあります。自然の中にあるホテルで、宇宙基地のような、いろんなタイプのコテージがあります。

プリア・ヴィヘアは州の名前で、主な産業はカシューナッツ、キャッサバ、バナナ、ゴムなどです。中継地点スラアエムの北側に「フンセン・エコ・ヴィレッジ」という開拓村を通過します。この村にはフン・セン首相が2018年に建設した「エコ・グローバル・ミュージアム」があ

ナーガに乗るハヌマーン

時の神カーラ

第3塔門

り、大プリア・カーンで出土した貴重な遺跡の展示や、カンボジアの歴史がわかる博物館です。

プリア・ヴィヘア遺跡はタイとの国境にあります。南北に5つの塔門があり、タイ側からも入場できます。入場すると両側にリンガが建てられた広い参道を登り、そこから800mにわたり一直線の参道が続いています。

海抜650mの山麓に到着すると、そこからは一般車両（4輪駆動車以外）は入山禁止となり、地元のピックアップトラックかバイクに乗り換える必要があります。入場料は10USDです。トラックの荷台に乗って移動することもできますが、その場合は往復25USDでした（2023年3月）。少人数で行くときはバイクの2人乗りをおすすめします。いろは坂よりきつい勾配のくねくね道を、バイクスタンドから火花を散らしながら走るのはスリル満点です。帰りは下りになるのでなおさらです。

参道に入る前に、第1塔門である巨大ナーガの欄干が見えます。左の急な石段を下りるとタイ国境に入ります。この地域は何世紀もの間タイ領であったため、タイからのアプローチが一番簡単です。階段を登るだけで参拝できます。

2008年に世界遺産に認定された後、入場料収入が見込めることになったため、遺跡の領有権をめぐってタイ軍との銃撃戦となりました。死者も出たため、現在は国境監視団が巡回しています。新型コロナ以降はタイ側からのアプローチはできなくなるとも聞きました。

いずれにしても、プリア・ヴィヘアは天空の寺院として人気の高い世界遺産で、何度も訪れる人が多いことでも知られています。第1参道の先に第2塔門があり階段を登って第2参道を歩きます。その先に第3塔門がありタイ側の景色がよく見えます。ナーガの欄干を渡って第4塔門を潜り、第5塔門を通過してやっと終点の山頂に着きます。断崖絶壁の上からの素晴らしい眺望が楽しめます。かなり足腰に負担がかかる巡礼となります。途中で各塔門に残された浮き彫りを楽しみながら休憩するといいかもしれません。

巡礼が終わって帰るとき、山頂を振り返ってみて下さい。天空の寺院を下から眺めることができます。崖の上にこのような建造物を建てた当時の技術に驚かされます。

中央祠堂

第44番　バンテアイ・スレイ／シェムリアップ郊外

No.44 Banteay Srei ／ Suburbs of Siem Reap ／967年／ヒンドゥー教
ラージェンドラヴァルマン2世（在位944－968年）

「女の砦」を意味するこの寺院は、バラ色の砂岩に作られた精巧な浮彫彫刻の美しさで知られています。容姿端麗な女神は清楚に輝き、「東洋のモナ・リザ」と呼ばれるデバターが有名です。王の補佐役であったバラモンの最高権力者ヤジュニヴァラーハの菩提寺ともいわれています。

経蔵と中央祠堂

東洋のモナ・リザと呼ばれるデバター

修復中のリンガ参道

バンテアイ・スレイ入口

シヴァ神とヴィシュヌ神に捧げられた寺院で、外壁は赤色砂岩、建物にはレンガも使われ、赤く燃えるような美しい寺院です。

デバター像は、1923年にフランス人作家で元文化大臣のアンドレ・マルローが、あまりの美しさに盗掘して国外に持ち出そうとして逮捕されたという、いわくつきの彫像です。のちに彼はその体験から小説「王道」を著作しました。

象の聖水に清められるラクシュミー

象の背に座るブラフマー

第45番　プノン・クーレン／シェムリアップ郊外

No.45 Phnom Kulen ／ Suburbs of Siem Reap

この山にはライチの木が多いことから「ライチの山（プノン・クーレン）」と呼ばれています。802年にジャヤヴァルマン2世がこの地で即位したことから、最高神インドラの山とされています。後に約630年続くアンコール王国の幕開けの場所ともいえます。

大滝と小滝の2つの滝があり、小滝近くの川底にヴィシュヌ神とブ

大滝

土産物屋が立ち並ぶ参道

寝釈迦像

ラフマー神の彫刻、南の川底には岩に掘られた無数のリンガがあります。つり橋を渡っていくと寺院遺跡が見えてきます。途中、チケットポイントを右折すると、プリア・アントンと呼ばれる巨大な寝釈迦像があり、参道はお土産屋で賑わっています。山道を登るとハンモックが吊ってある小屋がたくさん見えてきます。みんなでゴザの上に座るのがカンボジアスタイル。ご馳走を食べた後、ハンモックで休憩します。

頂上までの道は所々舗装されておらず、とくに雨期は滑りやすいので注意が必要です。カーブが多く、対向車が見えないので、無理な追い越しは禁物です。

巨岩の下に並ぶ仏陀の像

水中遺跡。川底にヴィシュヌ神の彫刻が沈む

第46番　クバール・スピアン／シェムリアップ郊外

No.46 Kbal Spean ／ Suburbs of Siem Reap

ウダヤーディティヤヴァルマン2世（在位1050～1066年）／11世紀／ヒンドゥー教

麓まで車で行き、駐車場に車を止めるとすぐに警備員が近寄ってきます。初めて行ったときはプノンペンから直接訪れたため、アンコール遺跡入場券（アンコール・パス）を購入していませんでした。

私が訪れたときは、コロナ禍で観光客がいなかったのでパスポート

蛇の上に横たわるヴィシュヌ

川底のリンガ

ナンディン牛に乗るシヴァとパールヴァティ

を見せてお金を払い入場できましたが、入場できるまでなんやかやで30分以上かかりました。あらかじめシェムリアップのチケットセンターで購入しておかなければいけなかったのです。プノンペンから行く場合、先にシェムリアップに寄るとかなり遠回りになります。といってもそういうシステムですから、先に購入しておきましょう。

車を駐車場に停めて入場チェックが終わったら、犬が案内してくれる約50分の急な登山となります。ほぼ登りきったところに滝があり小休止ができます。ここまででもかなり足腰がきつくなります。本書で紹介する巡礼地で、体力的には一番きつい場所です。

頂上手前の滝で休憩して体力を回復します。売店はありませんので、飲料水を忘れずに。滝からは階段を上がり、川沿いを歩きながら水中の遺跡を探します。沢山のリンガやヒンドゥー教の神々が、川の中の自然石に彫刻されています。乾季には川の水位が下がり、苔色の石に刻まれた遺跡が確認できます。

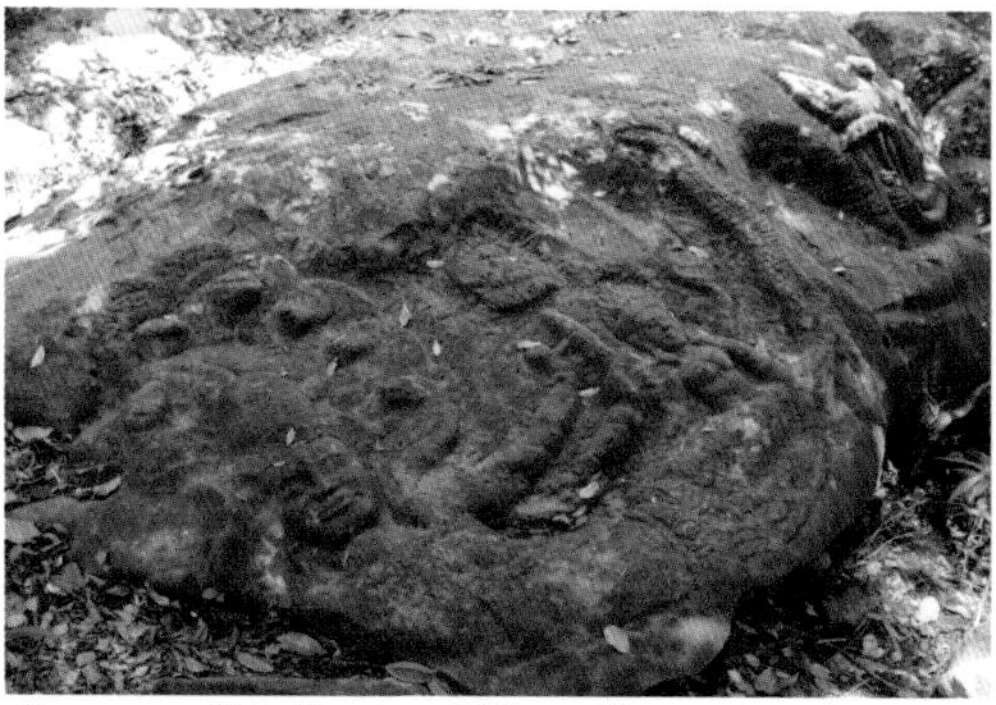

ヴィシュヌ神と思われる彫刻。雨期には水の中にある

ブラフマー神

第47番　スピアン・プラップ・トゥフ／コンポンクディ郊外

No.47 Spean Prap Tos ／ Suburbs of Kampong Kdei

アンコール王国／9世紀頃

プノンペンからシェムリアップへ国道6号線を進むと、中間地点を過ぎたあたりにコンポンクディという町があります。国道から右に逸れた脇道に古代橋スピアン・プラップ・トゥフ（スピアンはクメール語で橋の意）に到着します。脇道は細いので注意して走行しないと通り

乾季のスピアン・プラップ・トゥフ

徒歩と自動二輪車のみ通行できる

欄干にはナーガの彫刻が鎮座する

すぎてしまうかもしれません。

やがて、全長約90m、幅約16m、高さ約16mある巨大な橋が現れます。水をせき止め水位調整するダム機能を兼ねたものですが、これを9世紀に造ったのですから、当時の技術力とその規模に圧倒されます。アンコール時代初期の建築物で、おそらく1000年位前に建築されたものといわれています。保護のため、古橋の上は自転車、バイク、徒歩のみが通行可能で、車はう回路をいくことになります。でも、ここはぜひ、自分の足で歩いて渡ってみましょう。当時の象軍団や商人が行きかう姿が想像できます。

今も現役の古代橋

雨期のスピアン・プラップ・トゥフ

第48番　スピアン・トップ／シェムリアップ郊外

No.48 Spean Toap ／ Suburbs of Siem Reap
アンコール王国／11－12世紀

スピアン・トップ

かなり痛んでいるようだがこちらも現役

この古代橋は、シェムリアップ市内から国道6号線と68号線を50㎞ほどタイ方面へ向かった途中にあります。国道からは左にUターンするほどの脇道です。3つの古代橋が続いていますが、中央の橋が最も大きな橋です。全長約150m、幅約16m、高さ約9mという規模で、古代の河川跡に降りられます。今は土砂が堆積して水は流れていません。水利都市アンコールが土砂の堆積によって衰退した

車も通行可能

という話も、ここを見れば納得できます。

スピアン・トップは古代王道（アンコール王国時代の国道遺跡）として保護されているため、68号線から車の通行量が少ない側道を入ったところにあります。入り口には看板もなく非常にわかりにくいので、注意しておかないと見落とすかもしれません。

この古代橋は約1000年前に建設されたものといわれていますが、今も現役で、車も通れるのは驚きです。なお、この遺跡は入場料などは必要ありません。

第49番　ウドン／旧都／プノンペン郊外

No.49 Oudong ／ Suburbs of Phnom Penh

ここはアンコール王国の遺跡ではありませんが、遷都後長くカンボジアの首都でした。プノンペンから国道1号線を北に約40㎞進んだところにあり、1時間で行ける巡礼地として、週末には多くのカンボジア人家族が訪れます。

旧都ウドンにある5つの塔

参道には仏像が並ぶ

この仏塔が最も新しい

ウドンは１６１８年から１８６６年まで、２５０年にわたり首都（王都）がおかれた都で、歴代の王が王宮や寺院を周囲に建設しました。最大の見どころは丘の上にある仏教遺跡にある5つの塔です。北から順番に、高名な僧侶の仏塔、チャイ・チェター王建設の仏塔、アンドゥオン王の遺骨を納めた仏塔、バイヨン式のモニボン王の仏塔が並んでいます。南側には、１９１１年にシソワット王が建立した、ビハーラと呼ばれる仏教寺院があります。

ウドン山頂から寺院を望む

12支の賽銭箱（自分の干支に奉納する）

最初の階段を登る前に、聖なる寺院に入るため靴を脱ぎます。そこから階段を登っていくのですが、結構きつい巡礼となります。礼拝を終えると元に戻り靴をはいて残りの4塔を巡ります。靴は子供が盗まれないように監視してくれますのでチップを渡してください。5塔すべてを写真におさめられるスポットがありますので、探してみて下さい。麓に降りると、そこにはたくさんの屋台がむかえてくれます。おいしそうな食堂を探して、疲れを癒すことができます。

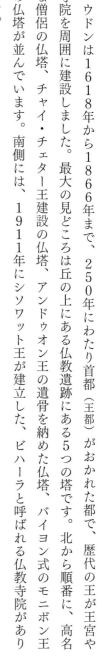

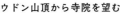

第50番　コッコン／タイ国境／海沿い

No.50 Koh Kong

運河沿いに建設されたリゾートホテル。ここから自然公園周遊のボートに乗れる

コッコンとは遺跡ではなく州の名前です。カンボジアでは大自然が広がるエコツーリズムの町として有名で、今回の巡礼地に選びました。

コッコンはプノンペンから西へ車で7時間ほどのところにある海沿いの街で、シアヌークビルに向かう国道から、途中で山道を抜けるルートを走ります。山道は舗装されているものの所々に穴が開いているのであまりスピードを出すと危険です。タイとの国境も近く、徒歩でタイから入国する旅行者もいます。

緑豊かなジャングルや美しい海岸線で知られており、トロピカルな自然が広がり、自然愛好家やアウトドア好きにとって魅力的なスポットです。

チュンソサ山国立公園はコッコンの近くに位置していて、広大な自然保護地域となっています。ジャングルトレッキングやバードウォッチング、滝の観賞などが楽しめます。

また近くには、パレヤイというビーチリゾートがあります。美しい白砂のビーチとクリアな海が広がっています。のんびりと過ごすのに最適で、カヤックやシュノーケリングなどのアクティビティも楽しめます。

エコツーリズムの一環として自然との調和を大切にしたツアーや宿泊体験が提供されています。ジャングルトレッキングやカヌーツアーが人気です。

コッコン周辺に広がるカードマム山脈は、豊かな生態系を保護するための重要な地域とされています。ここではトレッキングやネイチャーウォッチングが楽しめます。

サンプトウ広場はコッコン市内にある公園で、地元の人々や観光客がリラックスする場所として利用されています。市内散策の途中で立ち寄ることができます。タイ湾に面した街の近くにはビーチが広がり砂浜には海の家が点在しています。沖へはボートで行きますが、アイランドレストランがたくさんあり、食事をとりながら休憩できます。島の砂浜で食べる食事は最

運河に沈む夕日を眺める

タタイ滝

高です。

コッコンの周辺には島巡りやタタイ滝のあるリゾート、広大なマングローブの森ペアム・クラソップ自然公園等があります。カヤックやボートツアーを通じて、独特の自然環境を探索することができます。

マングローブの森をテーマにしたエコツアーやガイド付きツアーもあり、ボートやカヌーでマングローブの森を巡りながら、マングローブの重要性や生態系について学ぶことができます。マングローブの森は、海岸線を保護する重要な要素として機能しています。また、様々な魚介類や野生動物にとっても重要な営巣地や生息地です。そのため、保護活動や持続可能な観光開発が進められています。

また、マングローブの森は、その特有の植物群や地形によって美しい景観を作り出しています。水面に突き出す根っこや、潮の干満によって変化する様子が迫力のある風景となっています。

第51番　プノン・チソール／タケオ郊外

No.51 Phnom Chisor ／ Suburbs of Takeo ／11世紀／ヒンドゥー教（シヴァ派）

スールヤヴァルマン1世（在位1002－1049年）

標高140mの山頂に建設されたヒンドゥー教シヴァ派の寺院です。1018年にスールヤヴァルマン1世が国境に設置したリンガ4体のうち1体が設置されています。

徒歩でのアプローチは南側と北側の2ルートがあります。南側階段

412段ある石坂

中央祠堂横の経蔵

山頂に辿りつくと絶景が広がる

入り口には「カンボジア・カルチャークラブ・ジャパンが修繕した南口階段153ステップ」の看板があります。これを登るとさらに階段があり、合計412段となるので、それなりに脚力が必要です。舗装されていない山道もあり、車で登ることも可能ですが、やはりこの南階段を利用したほうが感じるものは大きいように思います。

山の東側麓に正門があり、そこから一直線に参道が見えます。頂上からの景色は絶景で、タケオ州の広大な田園風景が一望できます。

寺院本体を囲む建物

屋根をおおう植物が年月を感じさせる

プノン・チソール寺院

第52番　ブッダ・キリ・カンボジア／タケオ郊外

No.52 Buddha Kiri Cambodia ／ Suburbs of Takeo

参道

寄進者の名前がプレートに刻まれる

私は車で行きましたが、ここへ行くのはかなり難易度が高いと思いました。グーグルマップを駆使したのですが、橋が壊れていたり行き止まりがあったり、地元の人に何度も聞いてようやく到達することができました。

ここには、1114段の階段にStanding Buddha（立像）とMeditate Buddha（瞑想する像）が84000体並んでいます。この世界一の仏像建立計画は、Serey Keo Kakda

84000体の仏像が並ぶ様は圧巻

率いる4人の僧侶によって考案されました。彼らの目的は崇拝と観光の両方を兼ね備えた場所を作ることでした。84000体というのは、主要な仏典に84000の法があることが由来となっているそうです。1か所にある仏像数としては世界最多で、頂上には高さ10mの仏像があります。

仏教徒は誰でもこのプロジェクトに参加できます。寄進する仏像は座像で1体21ドル、立像は1体80ドルの寄進で建てられ、名前を刻んだ金属製のプレートが取り付けられます。お金は現金払いですが、名前のプレートはカンボジア語の刻印なので、訪れる前に自分の名前をカンボジア語で印刷しておく必要があります。私は立像をお願いしました。2回目に訪れたときに自分の寄進した仏像を探しましたが、カンボジア語の文字がどれも同じに見えて、見つけることができませんでした。

第53番　プノン・ダ／タケオ郊外

No.53 Phnom Dar ／ Suburbs of Takeo
紀元6世紀－7世紀／扶南

プノン・ダ寺院

アスラム・マハー・ルセイ（ヒンドゥー教僧院）

アンコール・ボレイから南東に約3・5㎞離れたプノン・バケン山の山頂に、ラテライトとレンガで作られたプノン・ダ寺院がありま す。ここの周囲からは彫像が多数出土しています。祠堂は6世紀のもので、現在は11世紀に再建されたものが残っています。同じエリアにある丘の上には、修復されたヒンドゥー教の聖地であるアスラム・マハー・ルセイという高さ8mの建造物（700年頃）があり、かつては僧院だったと考えられていま す。

プノン・ダのあるアンコール・ボレイ地区は、かつては海であったと考えられており、寺院のある山は島でした。メコン川が運ぶ土

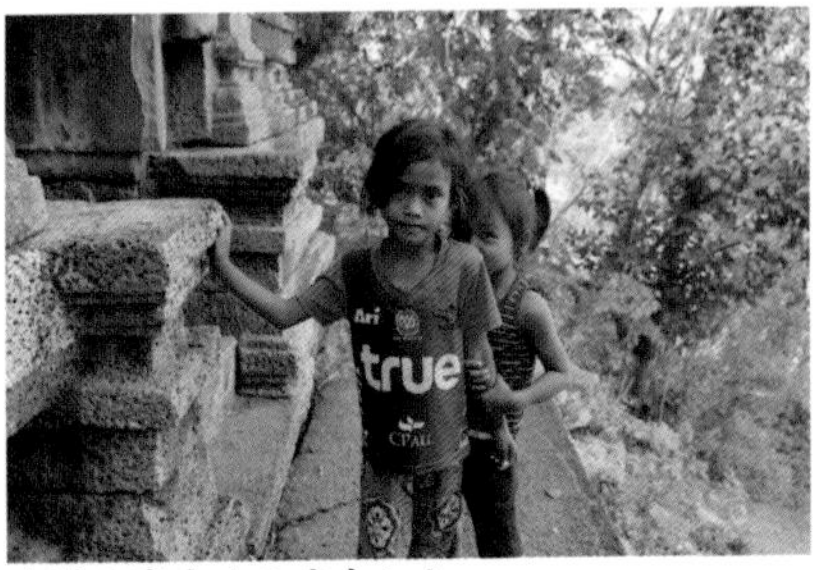

寺院を案内する少女たち

ドット・ボンコン・トゥックドーン・クロオープ（香り高いココナツミルクを付けて焼いたテナガエビ）

砂の堆積により陸地が拡大し、コークトローク島という大きな島が形成されました。

1世紀頃、この地を訪れた中国人はこの島を「扶南」（フナン）と呼びました。扶南では一人の女性が女王であったと伝えられており、中国名で「柳葉」（リューエイ）といいました。西暦68年にインド人ブラフマン（最高位のカースト）フン・ティエンが挙兵し、海からコークトローク島に侵攻しこれを征服しました。フン・ティエンは王となりリューエイ女王を妻としサマオー妃（月の子）と名付けました。これがクメール王国の発祥と考えられています。頂上から見下ろすとそれぞれの山が点在している姿から、かつては海だったと想像できます。

カンボジア最古の首都「ノーコー・コクトローク」があったタケオ州の州都タケオは、手長エビ（カンポン・ソム・コー）料理が有名な地域として知られています。カンボジアの伝統的なシーフード料理の一つです。

手長エビは、タケオ周辺の海岸線や河川で獲れる名産で、しっかりした食感が特徴です。主にスパイシーなトマトベースのソースで調理されます。トマトの他に、タマリンド、魚醤、チリ、ニンニクなどで作られるソースは、甘みと酸味、スパイスのバランスが見事です。ココナッツミルクで調理された手長エビも絶品でした。

タケオ地域の伝統的な食文化である手長エビ料理、タケオを訪れた際にはおすすめです。

第54番　プノン・チュヌーク／カンポット郊外

No.54 Phnom Chunuk ／ Suburbs of Kampot

クラブ・マーケット

7世紀前後建立の洞窟寺院です。チュヌークとはクメール語で「上から見下ろす」という意味で、猿の将軍ハヌマーンが空を飛びながら見下ろした場所という由来があるそうです。

プノン・チュヌークは、カンボジアのカンポット州に位置しており、ヴォットロバイ村からあぜ道を歩き岩山を目指します。石灰質の洞窟にはレンガ造りの祠堂があります。長い年月で風化が進んでいますが、スケールの大きい鍾乳石と遺跡の芸術に圧倒されます。元々は前アンコール時代に建設されたヒンドゥー教寺院遺跡ということで、マカラの浮き彫りがあります。

プノン・チュヌーク訪問の後は、ケップビーチタウンでカニ料理を楽しむことができます。ビーチ前やクラブ・マーケットには、水揚げされたばかりのカニをたべさせてくれるレストランが並んでいます。沖合にはケップビーチのシンボル、カニのモニュメントがあります。

カンポットからシアヌークビル方面へ向かうと、ジャングルに

ケップビーチにあるカニのモニュメント

水揚げされたばかりの新鮮なカニ

覆われたボーコー国立公園あります。ここには広い高原に朽ち果てたゴーストタウンがあります。元々は1950年代にフランス人が避暑地として住み着いたところで、教会なども建設されました。なんとなくハリーポッターの映画に迷い込んだ感じです。

この地ではカンポット・ペッパー栽培も有名で、カンボジアで一番おいしいコショウといわれています。ラ・プランテーションでは農園を見学できるツアーやコショウの販売も行っています。ポル・ポト政権時代に米以外の栽培が禁止されていたため、村人たちは命がけでコショウの種を床下などに隠していました。そのことが、今のカンポット経済を支えています。

第55番　ワット・エク・プノン／バッタンバン

No.55 Wat Ek Phnom ／ Battambang

スールヤヴァルマン１世（在位１００２−１０５０年）／12世紀／ヒンドゥー教

入口右側に立つ仏像

ワット・エク・プノン

バッタンバン（カンボジア人はバッタンボンと発音）にあるワット・エク・プノンは、アンコール遺跡群の一部です。12世紀に建てられたヒンドゥー教寺院で、カンボジアの歴史的遺産の一部です。古代のアンコール王国時代の建築様式で、特にヒンドゥー教の神々への崇拝を表現した浮き彫りが注目されています。

寺院の外観は独特で、大きな塔や装飾的な柱、彫刻

寺院の天井や壁には釈迦の物語が描かれている

が特徴です。遺跡の外側にあった塀は損傷が激しくなっていますが、中央の祠堂は健在です。

この遺跡に入る道には仏教寺院が建てられ、仏陀の生涯が美しい絵巻物のように壁や天井の一面に描かれています。すべて描き切るには相当な時間がかかったでしょう。ヒンドゥー教寺院に入る前に見学できます。なお、この遺跡の入場料は現地払いで、1ドル（2023年6月）でした。

バッタンバン市から約10㎞離れた場所に位置しており、市内からトゥクトゥクなどを利用してアクセスすることができます。訪れる際には、歩きやすい靴で行くことをおすすめします。

カンボジアの歴史と文化を体験する上で重要な遺跡の一つであり、アンコール遺跡群を訪れる旅行者にとってヒンドゥー教と仏教を同時に巡礼できる魅力的なスポットといえます。

プノンペンから車で行くには、トンレ・サップ湖の南側を走ります。2023年に4車線の道路が開通したので、約5時間で到着します。また、バッタンバンからシェムリアップに向かう場合はトンレ・サップ湖を時計回りで走ることになります。こちらもおよそ5時間ほどの道のりです。

第56番　ワット・バナン／バッタンバン

No.56 Wat Banan ／ Battambang
ヤショーヴァルマン1世（在位889－910年頃）／10世紀／ヒンドゥー教

ワット・バナン入口の石段

ワット・バナンは、バッタンバン近くにあるアンコール遺跡群の一部です。11世紀から12世紀にかけて建てられたヒンドゥー教寺院で、アンコール時代の建築様式が特徴です。バナン寺院はもともとヒンドゥー教の神々に捧げられていましたが、何世紀にもわたって信仰が変わっていき、現在は仏教寺院となっています。この地域には僧侶が多く住んでいます。

5つの塔を持つピラミッド状の構造で、「ミニアンコール」とも呼ばれています。これは、ワット・バナンがアンコール・ワットに似たデザインを持っているためです。寺院の建物は石造りで、階段を上って最上部に行くと、周囲の景色を一望することができます。

ワット・バナンへは急な階段を上る必要がありますが、その労力に見合う価値があります。静かな環境の中、美しい風景を楽しむことができます。周辺には農村や田園風景が広がっており、地域の生活や文化に触れることもできます。観光客にとっても魅力的な場所であり、その美しい建築と景観が、訪れる人々を魅了しています。周辺には池を囲んでハンモック

ワット・バナン遺跡には5つの塔がある

のある飲食店や、土産物屋もあります。

バナン寺院はプノン・バナンと呼ばれる丘の上にあり、ヒンドゥー教シヴァ派の寺院で、参道はガルーダを乗せたナーガの欄干をもつ急勾配の350段の階段があります。頂上にアンコール・ワットの配置に似た田の字型の5つの塔があります。これらの塔が一度に撮影できる場所を、地元の子供たちが案内してくれます。各塔には、神話の場面やヒンドゥー教の神々を描いた複雑な彫刻や浮き彫りで飾られています。

ここは見通しのきく高台となっているため、内戦時代には軍の高射砲が置かれていました。裏道を降りていくと、当時ポル・ポト派によって掘られた坑道の入口があります。ここも子供たちの案内で探検することもできます。ただし、まだ地雷が残っている可能性があるので、人が通った跡のあるところ以外は歩かないようにしたほうがいいでしょう。

第57番　ワット・プノン・サンポー／バッタンバン

No.57 Wat Phnom Samvor ／ Battambang

山頂にある寺院

寺院からの眺め

ワット・プノン・サンポーは、バッタンバン中心部から車やモーターバイクで約25キロメートルの距離にある、プノン・サンポーに建てられています。サンポーとは船を意味し、山の形が船に似ていることから名づけられました。サンポー山はバッタンバン周辺の美しい自然に囲まれ、訪れる人々に癒しの場を提供しています。ここは仏教寺院であり、現在でも地元の信仰の中心地の一つとなっており、仏教の重要な祭りや行事の時には多くの参拝者が訪れます。

北西側にチキン・マウンテン、ダック・マウンテン、西側にクロコダイル・マウンテンなど、動物の姿に見立てて名づけられた山々

山肌を削った仏陀の彫刻。2022年完成

右の洞窟からコウモリが飛び出してくる

を眺めることができます。さらに、一面に広がった田園風景を満喫できます。

寺は山の頂上に位置しており、四輪駆動車であれば山頂まで登ることができます。それ以外の交通手段で訪れた場合は、舗装された参道を徒歩で登ることになります。頂上からは周囲の美しい景色を楽しむことができます。

サンポー山には１００万匹以上のコウモリが住む洞窟があります。夕方の暗くなりはじめた時間帯に行くと、餌を求めて住みかから飛び立つコウモリの群れが見られます。１００万匹のコウモリすべてが洞窟から飛び出すには40分かかります。朝4時頃には１００万匹のコウモリが洞窟に戻ってきます。夕方5時を過ぎると、コウモリを見るために観光客が集まってきます。大量の机と椅子を準備して地元のおばさんが待ち構えていますが、椅子に座ると何か注文をしなければなりません。そんなやりとりもまた、楽しいものです。

洞窟を飛び出したコウモリがどこに飛んでいくのか。地元の人に聞いてみましたが、誰も知らないとのことでした。

第58番　バンブー・トレイン／バッタンバン

No.58 Bamboo Train ／ Battambang Province

オリジナル・バンブートレインは国鉄の線路を走る

オリジナル・バンブー・トレインは、カンボジアでもバッタンバンにしかありません。観光客向けに運行される列車であり、伝統的なカンボジアの風景を楽しむことができます。

車両は鉄製の枠でできていて、竹を敷き詰めた床があります。世界的にも珍しい、竹板の上にご座を敷いたフルオープンのお座敷列車です。

バンブー・トレインはバッタンバン市内を出発し、周辺の田園地帯を通り抜けます。ゆったりとしたペースで進み、のどかな風景を楽しみながら旅をすることができます。曲がった線路も何のその「ゴトンゴトン」と豪快な車輪の音を楽しめます。時々踏切がありますが、遮断機も警報音もありません。スリルはありますが、衝突のリスクもあるかもしれません。

オリジナル・バンブー・トレインはかつて生活物資を運んでいましたが、道路が整備されトラック輸送が主流になったので、今では観光用に運航しています。1台に4～5人が座れます。私が乗った

観光用に作られた線路は迫力満点

ときは2人まで10ドルでした。バッタンバン市内で運行されていますが、具体的な運行スケジュールは決まっておらず、乗り場に行くと線路にトロッコを用意してくれます。カンボジアではポル・ポト時代に多くの線路が破壊されましたが、今では復旧されて主要都市間をプノンペン首都から1日1便運航しています。ただし、オリジナル・バンブー・トレインが走るレールは、ふつうの列車が運行しているレールの一部を利用しているので、列車と衝突するリスクがあります。他の列車が来ないように祈りながら乗ることになります。

オリジナル・バンブー・トレインの他に、商業目的で作られたトロッコ（バナン・バンブー・トレイン）もあります。カーブを多用してスリル感を演出していま す。鉄製の枠に竹を敷き詰めた床は同じですが、こちらは3人乗りシートが備え付けられています。終着駅まで行くと大きな遊園地があります。レストランや土産物売り場、公園、池、休憩小屋など一日家族連れで楽しめます。オリジナルとアトラクション的観光トロッコ、バナン・バンブー・トレイン。どちらも試してみる価値はあります。

バッタンバンでお勧めのホテルは4星ランクのMaisons Wat Kor Hotelです。池の畔に建てられた3階建ての木造ホテルで、対岸にはスパハウスがあります。裏手にはバナナ園があり、ジャングルの中に建つ、カンボジアを満喫できるホテルです。このホテルの朝食とコーヒーは絶品です。試してみる価値はあります。

観光用のトロッコ。
パナン・バンブー・トレイン終着駅

終着駅にある売店とレストラン

第59番　プノン・プロス、プノン・スレイ／コンポン・チャム

No.60 Phnom Prus,Phnom Srei ／ Kompong Cham Province

コンポン・チャム州は、カンボジアの州では最大の約１７０万人を擁する地方都市で、メコン川が作り出す肥沃な大地に恵まれています。

コンポン＝港、チャム＝マレーを意味し、チャム族が多く住んでいます。プノン・プロスは男山、プノン・スレイは女山の意味で、どちらも高台の上に立っています。

プノン・プロスの四面像

仏陀の教えを聞く僧侶の像（プノン・プロス）

寝釈迦像（プノン・プロス）

ノーカー・バチェイ・バコダ

プノン・プロスの大祠堂

ワット・プリア・テート

プノン・スレイへ続く階段

階段を上って頂上にあるプノン・スレイ

コンポン・チャムを流れるメコン川にかかる日東友好橋

精巧な彫刻が施されたプノン・プロスは、1980年代に再建されたものです。寺院を回った後に階段を降りると仏陀の世界観が広がっています。大きな仏陀の前で話を聞く5人の僧侶象、寝釈迦像、ナーガで綱引きをする人々、バイヨン形式の4面体などじっくり見てまわれます。

プノン・スレイはプノン・プロスから2㎞ほど離れた場所にあり、約200段の階段を登ってお参りします。ここからは広大なコンポン・チャムの大地が一望できます。ノーカー・バチュイ・バコダを探してみるのもおもしろいでしょう。ガイドブックにも載っていない遺跡で、プノン・スレイから1時間ほどかかります。

正方形のバライ（貯水池）の奥に寺院があり、様々な神が祀られていて、その時代の様子が伝わってきます。さらに時間があればワット・プリア・テートを訪問しましょう。こちらもガイドブックには載っていない中規模のお寺ですが、舗装されていない道を行くと、水牛の群れが出迎えてくれます。グーグルマップでも探すのは大変ですが、なかなか人がいかないところを冒険してみるのもおもしろいですよ。

第60番　ブースラー滝／モンドルキリ

No.60 Bou Sraa Waterfall ／ Mondulkiri Province

ここまでアンコール王国の遺跡を中心に巡礼地を紹介しましたが、最後の巡礼地として、カンボジア最大の滝を紹介します。まさに聖地にふさわしい場所です。

ブースラー滝は、モンドルキリ州の中心地であるセンモノロムから約33㎞東に位置しています。プノンペンからセンモノロムまでは543㎞あります。この地域は豊かな自然と美しい景観が広がり、

ブースラー１段目の滝

街のシンボルであるコープレイ牛

ブースラー２段目の滝

絶品のコーヒーを楽しめる
コーヒー・プランテーション

ブースラー滝はその中でも特に注目される観光スポットです。プノンペンから行くときの道路は舗装されているものの片側1車線が多く、30㎞制限のところが多いため思ったより時間がかかります。コンポン・チャムで1泊してから向かうほうがいいでしょう。

ブースラー滝は1段目が約12m、2段目が約20m、3段目が約4m、合計36mに達する迫力ある滝です。滝の水は岩盤に打ち付けられ、その音と水しぶきは迫力満点です。カンボジア国内でも最大級の滝で、水量が増える雨季はさらに迫力が増します。

滝の近くには展望台や遊歩道が整備されており、滝を見下ろすことができる絶好のスポットです。ピクニックやバードウォッチングなどのアクティビティも楽しむことができます。

この滝があるモンドルキリ州はカンボジアの東部に位置しており、その名は「モンドル」(高地)と「キリ」(州)の組み合わせに由来します。この地域はカンボジアで最も高地にあり、美しい風景や多様な文化が楽しめる場所として知られています。カンボジアで最も面積が大きく、人口密度が3人/㎢と最も少ない州です。

亜熱帯気候のカンボジアの中でも、モンドルキリは山岳地帯で涼しい気候にあるので、都市部の暑さから逃れることができます。カンボジアの中でも比較的未開発な地域であり、自然の美しさが保たれています。ブースラー滝の周辺には豊かな森林が広がり、そこには多様な動植物が生息しています。

プノン族と呼ばれる少数民族が多く住む地域で、独自の文化や伝統を持っています。ブースラー滝をはじめとした壮大な滝や、見渡す限りの茶畑、コーヒー園、バナナ園が広がっています。所々に広い草原がありキャンプ場が沢山あります。こちらのキャンプ場はテントを張った状態で借りられるので、気に入ったところがあればそのまま宿泊することができます。ブースラー滝に行く途中に、地元のコーヒー農園が運営するカフェ「コーヒー・プランテーション」があります。こちらで直売しているモンドルキリコーヒーは通をうならせる味で、コーヒー好きの方は試す価値があります。

また、エレファント・トレッキングという、伝統的な方法で象と触れ合えるツアーもあります。象の保護活動をしている「LEAFカンボジア」というNGOなどが日帰りから1泊2日のツアーを開催しています。

自然環境豊かなモンドルキリですが、ホテルの情報などが少ないのが弱点です。私のお勧めは、州都センモノロム中心部にあるモンドルキリ・ロッジ&レストラン・コンビニホテルです。独立したコテージで、各ロッジの横に車の駐車スペースがあります。また、中心部からは少し離れていますが、広大な敷地にバンガローやツリーハウスが点在するフォレストリゾートもあります。

モンドルキリは、自然や先住民の文化を体験したい旅行者にとって魅力的な場所といえます。

フォレストリゾートにあるツリーハウス

フォレストリゾートは1日楽しめる

第5章　シェムリアップのおすすめ

各地の遺跡を訪れた後、やはりご褒美が欲しいものです。というのも、アンコール王国の遺跡は丘の上にあったり、長い階段を上らなければならなかったりと脚力が必要で、巡礼にはとにかく体力を使うのです。参拝の後は、現地の名物に舌鼓を打ったり、ホテルでゆっくり体を休めることも必要です。あくまで私の経験ですが、おすすめできる料理とホテルを紹介していきます。

おすすめレストランと料理

カンボジア料理は、シェムリアップが断然おいしいと思います。中でも「マリス」はおすすめです。「家庭で食べるカンボジア料理を提供する」というコンセプトで、高級感あふれる店内が特徴です。代表的なカンボジア料理であるアモックをぜひ味わってみて下さい。プノンペンにも支店があります。

マリスの隣にある「チャンレイ・ツリー」は、カンボジアの民族料理とフレンチを融合させた独特の味わいが魅力です。特にジャングル調のオープンテラスで食べる地鶏の丸焼きは絶品です。

この2軒は隣同士なので、2泊以上する方は、両方を訪ねてみるのもいいかもしれません。

料理では、「ANGSOM RICE CAKE WITH TREY BOK」がいちばんのおすすめです。すりつぶした豚肉とサヤインゲンを米でつつんだおにぎりのようなものを野菜で包み、トレイ・ボックというトンレ・サップ湖でとれる魚でつくるソースをかけて食べます。クセになるおいしさです。カンボジアの定番料理であるアモックは、トンレ・サップ湖でとれる雷魚をココナッツミルクで蒸したもので

マンゴー・サラダ

チャンレイ・ツリー店内

高級感のあるレストラン、マリス

トレイ・ボック

アモック

す。中にSleck ngorという植物の実が入っています。この実はかつて薬のなかった時代に解熱剤や痛み止めとして使われていたもので、健康にもよいとされています。

魚のすり身を入れた卵焼き、「Pan fried Eggs with Promar Fish」もおすすめです。卵焼きに野菜をのせてレモンを振りかけて食べる、これもカンボジア定番の料理です。

チキンの蜂蜜揚げも絶品です。レモングラス、ライスブランデー、蜂蜜、朝顔につけ込んだ鶏を揚げたものです。マンゴーサラダもいいですね。少し酸っぱいサラダで、口直しにはぴったりです。ただし、食べ過ぎるとお腹が緩くなります。

おすすめホテル

まず紹介するのは「シンタ・マニ・アンコール」です。新型コロナで1年間休業していましたが、復活しています。ビル・ベンスリーが手がけるブティックホテルで、洗練されたデザインと教育の行き届いたスタッフのもてなしは、巡礼で疲れた体を癒してくれます。道を挟んで系列の「シンタ・マニ・シャック」があり、ここのレストラン「クロヤ」ではカンボジア料理のコースが味わえます。

なお、シンタ・マニ・ホテルの利益は地域支援団体「シンタ・マニ・ファンデーション」の活動費に充てられます。活動内容として、地元の子供が観光業に従事できるようになるためのスクール運営、家庭菜園を作るための農村支援プログラム、デンタルケアプログラム、ビジネス支援など多岐にわたります。寄付に依存するのではなく、自分たちでホテル経営することで財団の運営を持続可能にしています。このホテルに宿泊することで、カンボジアへの社会貢献になります。

一方、シェムリアップ市内から車で30分ほど離れたところにある「プーム・パイタン」は、カンボジアの田園風景に囲まれた8ヘクタールの敷地にあるリゾートホテルです。クメール語で「緑の村」を意味するこのホテルは、アジアで最初のリゾートホテルともいわれています。静かに夜を過ごしたい方におすすめできるホテルです。

ナイトライフ

シェムリアップの夜といえばなんといってもパブ・ストリートです。カンボジア料理はもちろん、西洋料理やアジア各国料理、ピザやカフェバーもあるなどグルメ満載の通りです。逆さビールなどおもしろい演出もあります。

シンタ・マニ・アンコール

プーム・パイタン

シンタ・マニ・アンコールは2階建て。敷地中央にはプールがある

プーム・パイタンのレストランから広大な敷地を眺める

ここで有名なのがフィッシュ・マッサージです。水槽に足を入れると、魚が寄ってきてマッサージをしてくれるというものです。遺跡巡りで疲れた後は、こんなご褒美があってもいいかもしれませんね。

パブ・ストリート入口

逆さビール

フィッシュ・マッサージ。ここは１時間３ドル

第6章　カンボジアの生活について

長期滞在ビザ

いずれ東南アジアで生活してみたい、という日本人の方は増えてきています。行き先としてはタイ、フィリピン、マレーシアが多く、富裕層の方はシンガポールもあります。カンボジアをリタイアメント後の居住の場所として選ぶ方はまだ少ないようです。しかし、私自身4年ほど住んでみて、海外移住先としてこれほど魅力のある国はないと考えています。

カンボジアのロングステイビザについては、主に下記の5種類があります。

①55歳以上の人が対象のリタイアメントビザ

日本の在カンボジア大使館で1カ月のビジネスビザを取得します。カンボジア居住者であれば、一度国外に出て再入国し、空港でアライバルビザ／シングル／ビジネス／1カ月を取得します。いずれの場合も、その後カンボジアのビザ取得代行会社（主に旅行会社）に頼んでリタイアメントビザを取得します。費用は1年間で297ドルです。（2023年8月）。

②カンボジアに不動産、企業などへの投資をしている人が対象の投資家ビザ

2022年までは最長1年でカンボジア国内での更新が可能でした。しかし2023年から運用が変更となり、労働許可証がないと発行されなくなったため、実質的に取得が難しくなりました。

③カンボジアで働いている人の労働ビザ

1年更新で、ほとんど場合は勤務先の会社がやってくれます。
④日本の在カンボジア大使館で取得できる1～3年間のビジネス・観光ビザ
2019年4月時点ではは100ドルと安価で、短期滞在者には利用しやすいビザでした。ただしこのビザは期間が3年有効ですが、連続して30日間しか滞在できません。コロナでロックダウンになった時に、3年ビザを取得している外国人はそのまま滞在できると思っている人がほとんどでしたが、実は30日間しか滞在できず、一度出国してまた入国しなければなりませんでした。コロナ禍で出国できない外国人は、1日10ドルの罰金を支払うことになりました。ロックダウン中2年以上出国できず、6000ドル以上支払いした人もいました。今でもこのビザは連続30日しか滞在できませんので注意が必要です。さらに、ビジネスビザの場合は2019年からワークパーミットを取得しなければ1年につき80ドルの罰金が科されるようになりました。3年ビザの場合は4年分の320ドルとなります。一度の滞在が1か月未満の方は観光ビザで入国しましょう。
⑤10年間居住可能になるゴールデンビザCM2H（CAMBODIA MY 2ND HOME）
カンボジアに外国人投資家を呼び込もうというプログラムです。2022年7月から申請開始となりました。簡単にいえば、5万ドルの寄付をすれば10年ビザが取得できる、ということです。

このCM2Hには9つの特典がついています（2023年8月）。
- クメールホーム慈善協会の10年間無料会員権
- 10年間の滞在ビザが無料（2年毎に5回まで無料更新）
- 初年度無料のFORTE生命保険と医療保険への加入（2年目からは自己負担）
- カンボジアにおける中規模企業1社の無料登録サポート

・銀行口座開設登録費用支給（会社口座１００ドル、個人口座10ドルの開設費用の支給）
・国際運転免許証をカンボジアの運転免許証に無料で交換（1年目のみ）
・無料の10年間就労許可証（1年更新）
・無料のギフトボックス（政府認定の金エンブレムやＣＭ２Ｈカードなど）
・不動産、税金、法律、教育機関、言語翻訳に関する無料相談及び指定特別加盟店での割引

　これらの特典については今後変更があるかもしれませんが、他国にある同様の制度と比べると充実した内容になっています。

　ＣＭ２Ｈの手続きは、カンボジア内務省と入国管理局の下部組織であるCAMBODIA MY 2ND HOME CO.,LTD との間で結びます。事務所はプノンペン市のボンケンコン1地区にあります。日本

CM2Hの特典であるギフトボックス

CAMBODIA MY 2 ND HOME CO.,LTD の事務所

語と英語を話すスタッフがいます。
会社名：CAMBODIA MY 2ND HOME CO.,LTD
所在地：#199,St.63 Coner of 306,Phum 2,Sang kat Boeng Keng Kang,Ti Muoy,Khan Boeng Keng Kang,Phnom Penh.
HP:www.CM2H.com
なお、2023年8月時点のCM2H申請条件は次ページの表を参照してください。
2022年にカンボジア政府がCM2Hをはじめた理由としては、マレーシアの10年ビザであるMM2Hの条件が大幅に厳しくなったことが背景にあるようです。これによりマレーシアへの移住希望者が大幅に減少することが予想され、カンボジアがその受け皿になろうとしているのだと考えられます。

東南アジア3か国のロングステイビザ比較

東南アジアへの移住を考えている方のために、3か国のロングステイビザを紹介します。表は労働ビザを取得しないリタイアメント層向けのビザ紹介になります。

タイランドエリートビザは、60～214万バーツ（約240万～890万円）の会費支払いで5～20年のビザ取得が可能です。

マレーシアのMM2Hは、2021年の改正で有効期間が10年から5年に短縮されました。申請条件は表の通りです。月収については4万リンギット（約120万円）以上で給与明細（直近3か月分）を提出します。家賃収入、配当、利息の収入も合算は可能です。しかし、私の経験では、給与振込証明書を発行するのはあくまで銀行ですから、証明書の金額は支給額ではなく税・社会保険控除後の手取り振込額になります。つまり支給月給が180万円近くないと120万円以上の証明にならない可能性があります。さらに、ビザ承認後にマレーシアの銀行に定期預金100万リンギット（約3000万円）をして、残高証明書を提出する必要があります。それに加えてマレーシアの医療保険に加入しなければならないなど、とんでもない金額が必要となりました。また、

東南アジア3か国のロングステイビザ比較（2023年8月現在）

項目	MM2H（マレーシア）	CM2H（カンボジア）	タイランドエリート（タイ）
申請年齢	35歳以上	18歳以上	20歳以上～年齢制限なし
最低滞在日数	90日以上滞在義務	なし	5年～20年（1回につき最長1年）
職務経歴書	申請者の職歴・所属会社名を含む職務経歴書	最終学歴と学位を申告（卒業証明書不要）、保有技術関係国家資格申告	なし
資産証明	150万リンギット以上資産保有証明書（約4500万円）	なし	なし
月収証明	マレーシア国外で月4万RM（120万円）以上の収入。（過去3か月の月収が分かる銀行振込証明書。）	なし	なし
無犯罪証明書	申請者全員分必要	なし	なし
健康に関する申告	Medical Form 1を申請者全員提出（マレーシアの病院で受診）	FORTE保険加入申請書提出（1年目無料）2年目以降自由	なし
定期預金	ビザ取得後マレーシア国内の銀行に100万リンギット以上の定期預金。（約3000万円）	なし	なし
申請手続き費用	代表者：5,000RM（15万円）、配偶者と子供1名に付き2,500RM（7.5万円）	なし	代理店による
ビザ代金	年間500RM（1.5万円）／名	5万ドル（約700万円）を政府に寄付	60万～214万バーツ（約240～890万円）の会費を支払う
有効期限	5年間 条件を満たし、許可されればその後も5年ごとに延長可能	10年間(2年毎に入国しVISAを無料更新) 延長については規定なし	5～20年間マルチ（会員コースによる） 延長はなく再度入会費を支払う
その他特典		雇用可能証明書、CM2Hカード、CH2H取得証明書、ピンバッチ、車に取り付けるエンブレム、パスポートケース、専用アタッシュケースなど	空港でのVIP待遇、銀行口座開設などコースによって異なる

500リエル札には日東友好橋と日本の国旗が印刷されている

友好橋の入口にあるモニュメント

年間90日は必ずマレーシアに滞在する義務があります。マレーシアは大学など教育機関が充実しているので、お子さんの教育を兼ねて移住するにはおすすめできる国です。しかし生活費は高く、不動産物件も外国人は１００万リンギット以上でないと購入できないなど、移住するのは簡単ではありません。また、私が加入している日本の海外傷害保険は２０１０年頃までは年間10万円ほどでしたが、コロナ前の２０１９年には20万円、２０２３年からは年間45万円と途方もない金額になりました。新型コロナで保険料の支払いが多額になったためだそうです。保険加入必須の国は、年間生活費を多めに計算しておく必要があります。海外で病気になった時に支払う治療費はベトナム・カンボジアでは日本の10割負担程度、マレーシア・シンガポールはそれ以上が目安になります。

これらの条件を考えると、カンボジアでは5万ドルで10年ビザが取得できますから、東南アジアではかなりリーズナブルです。首都プノンペンでも渋滞はほとんどなく、車やバイクの移動も心配ありません。また、本書で紹介したような歴史的な遺跡の数は他の国を圧倒しています。日常の生活費についても、カンボジアは東南アジアの移住可能国では最低クラスです。カンボジア料理は薄味ですから、日本人の味覚にも合います。交通機関も年々整備されてきています。また、カンボジア紙幣の

５００リエルには日本の国旗が印刷されているくらいの親日国でもあり、明るいわりにおとなしい人が多く、大声を出す人は見かけません。家族を大事にしていつも笑顔で座っています。プノンペンの街中でさえも。日本の４～50年前ではないかと思うような、屋台やカフェ、駄菓子屋などがあり、どこか懐かしい雰囲気が漂っています。

カンボジアの日常生活

私の東南アジア生活歴は13年になりました。国でいえばベトナム、マレーシア、カンボジア、タイです。日本を含めて色々な国に行ったり来たりではありますが、それぞれの国で色々な体験をしました。

例えばマレーシアは、イスラム国家で飲酒が禁止されているので、ウイスキー、焼酎、ワインなどの酒類にはとんでもない税金がかかります。またイスラム教では豚肉を、ヒンドゥー教では牛肉を食べないため、スーパーでよい肉を購入するにはかなり店を探さないといけませんでした。肉販売店では目立たないように店の裏側に隠しています。地下鉄やモノレールなどの公共交通機関が発達しているので街中は東京と変わらない風景ですが、満員電車でムスリムの女性に接触すると宗教的に大変なことになります。また子どもの頭をなでたり、女性の写真を撮ることもタブーとされています。

その点カンボジアでは日本と同じ仏教国ですから、なんでも食べることができます。生活費も安く、１か月に５００～１０００ＵＳＤもあれば日本と同等の生活ができます。これは人によって違うのでなんともいえないところがありますが、私の場合は自炊中心なので、年金だけでも十分といえる暮らしができています。プノンペンにはイオンモールが3か所あり、日本の食材には不自由しません。マックスバリュも数店舗あります。セブンイレブンの出店ラッシュも続いています。紀伊國屋書店も出店しました。

マンションの賃貸料はプノンペン市内の1ベッドルームで月400〜600USDぐらいです。管理費・水道光熱費はあわせて月100〜200USDほどです。市内のマンションは、グレードによりますが4万ドルから購入できます。長期滞在を考える方は購入したほうが割安です。特に中古物件はコロナ以降かなり値下がりしています。

ゴルフ場はプノンペン市内に4か所あります。プレー料金は平日50から160USDほどです。東南アジアで、一人でプレーできる国は私の知る限りカンボジアだけです。気軽に体を動かせるのでこれも気に入っています（マレーシアとベトナムは17時以降なら一人プレーも可能）。雨季はありますが、午前中はほとんど降らないので趣味がゴルフの方にはぴったりかもしれません。1年中短パン、半袖シャツでプレーできます。

カンボジアの歴史

カンボジアの歴史は複雑で、古代から現代までさまざまな時代と出来事が織り交ざっています。簡単にまとめてみます。

古代からアンコール王国時代（紀元前1世紀−15世紀初頭）：カンボジアは古代から王国が成立し、アンコール王国時代にはアンコール・ワットなどの壮大な寺院がこの時代に築かれ、文化と宗教が栄えた。

タイ王国の支配（14世紀〜19世紀初頭）：タイのアユタヤ王国がカンボジアを支配し、アンコール遺跡群も一部荒廃。その後、タイとベトナムの影響を受ける時代が続く。

フランス領インドシナ時代（19世紀末−1953年）：フランスによる植民地支配がはじまり、フランス領インドシナの一部となる。1953年に独立を宣言し、王国としての地位を回復。アンコール遺跡群のあるシェムリアップとは、シェム（シャム）リアップ（来ない）で「タイは来ないで」という意味だとカンボジアの人から聞きましたが、真偽のほどはわかりません。

クメール・ルージュ時代（1975年−1979年）：クメール・ルージュと呼ばれる共産主義組織が政権を掌握し、ポル・ポト政権下で数百万人の犠牲者を出すジェノサイドが発生。

内戦と現代（1980年代−現在）：クメール・ルージュ政権崩壊後、内戦や政治的混乱が続く。1991年にパリ和平協定が結ばれ、国連平和維持活動が行われる。1993年にカンボジア王国が再建され、民主的な政府が樹立。

カンボジアの歴史は複雑で、苦難と希望が入り混じっています。現在のカンボジアは過去の歴史を背景に、観光や経済の発展を追求する一方で過去の傷跡を癒し、国を再建している過程にある国です。なお、あくまで私の経験ですが、カンボジアでは政治と歴史の話はあまりしないほうがよいように思われます。

カンボジアの文化

カンボジアの文化は、歴史や宗教、伝統が深く影響をうけて、独自の特徴を持っています。以下にカンボジアの文化についていくつかの要点を説明します。

カンボジアの主要な宗教は仏教で、多くの人々が仏教徒として生活しています。仏教の影響はカンボジアの文化、芸術、建築にも見られます。アンコール遺跡群には多くの仏教寺院や仏像が残っています。

カンボジアの伝統的な舞踊や音楽は、宮廷や宗教儀式に関連して発展しました。アプサラ舞踊やココナッツ・ダンスなど、繊細で優雅な動きが特徴です。音楽にも古代の楽器や合唱を基にしたものがあります。

他にも、カンボジアにはさまざまな祭りや儀式があります。クメール正月やプチュムバン（クメールのお盆）にお寺で行う砂山造りなどは、カンボジアの文化や伝統を反映したイベントです。伝統的なカンボジアの衣装は、華やかで装飾的なデザインが特徴です。一般階級の伝統衣装「サンポット」や男性の「サローン」は、特別な行事や祭りの際に着用されます。アンコール・ワットの第1回廊にも描かれているインド古代詩「ラーマーヤナ」、王位をめぐる悲劇的な戦闘物語「マハーバーラタ」、死後の世界を表した「天国と地獄」、ヒンドゥー教の天地創造神話「入海攪拌」なども、カンボジア人の世界観であり文化として伝えられています。

家族はカンボジア社会の基本的な単位であり、家族の絆が重要とされています。長老や高齢者への敬意、子供への教育などが重要な価値観とされています。

地理

カンボジアは東南アジアに位置する国で、陸地と海岸線を持つ地域です。カンボジアはタイ、ラオス、ベトナムと国境を接しており、南西部はタイランド湾に面しています。国土は平坦な地形が広がります。特に南部は平坦な平原が広がっており、湖沼地が見られます。北部にはカードマム山脈やダムレユ・クラム山脈などの山地もあります。

カンボジアを代表する重要な河川がトンレ・サップ川、その上流にあるトンレ・サップ湖は東南アジア最大の淡水湖で、トンレ・サップ川を通じてメコン川につながります。この湖はカンボジアの中部に位置し、首都プノンペンの北西方面に広がっています。湖の面積は季節によって変動し、乾期は約2700㎢ですが、雨期には約1万6000㎢に拡大します。雨季は乾季の約6倍になります。琵琶湖が約670㎢ですから、トンレ・サップ湖は、乾季で琵琶湖の4倍、雨季では24倍の面積があることになります。ちょっとびっくりする大きさです。

トンレ・サップ湖には豊かな生態系があり、約600種の魚や鳥など、多くの生物が生息しています。湖周辺の湿地帯も重要な生息地であり、多くの鳥類が飛来します。

湖を取り囲むように多くの漁村や集落があり、人々は湖を生活の一部として利用しています。湖上生活者及び周辺の人口は約100万人とされています。ベトナム戦争から逃れてきたベトナム人と、ポル・ポト政権の虐殺から逃れたカンボジア人が住み着いたともいわれています。地域の主要な収入源は漁業で、湖の魚介類はカンボジアの食文化に欠かせないものとなっています。観光地としても人気があり、船で湖の生活や風景を観賞するツアーが行われています。漁村や浮島（フローティング・ビレッジ）を訪れることで、地元の生活や文化に触れることができます。

カンボジアではトンレ・サップ以外にも、マングローブの森、ビーチ、ジャングル、山岳地帯、湖沼、滝などがあります。また、水力発電が6割を占めるほど水資源は豊富です。

トンレ・サップ湖の水上生活

カンボジアの主要都市は首都のプノンペンやシェムリアップ、バッタンバンなどです。交通インフラが発展し、道路や空港、港湾などが整備されています。プノンペンからシアヌークビルに行く高速道路も2023年に開通しました。それまで6時間かかっていましたが今では2時間で行けるようになりました。

人口と経済

カンボジアの人口は約１６５０万人と推定されています（２０２１年度）。人口増加率は緩やかで、都市部と農村部の人口分布に差があります。首都のプノンペンを中心に都市化が進行しています。カンボジア在住の邦人は２０１９年に約５５００人でしたが、新型コロナで減少し２０２０年には約３３００人となりました。

長い歴史の中で様々な困難を経験しているカンボジアでは、国際的な支援が経済や社会の復興に重要な役割を果たしてきました。

経済は主に農業、工業、観光業に基づいています。農業部門では主に米、ゴム、穀物、魚など。工業部門では衣料品や靴、加工食品などが生産されており、輸出が盛んです。中国、米国、日本、ＥＵなどが主要な取引相手国です。また、アンコール遺跡群をはじめとする観光業も、国内外からの収入を生み出しています。

今後の課題は工業化をどのように進めるかというところにあります。家庭用の電化製品、車や二輪車、医療、ＩＴなど稼げる分野にシフトしていく必要があると考えられます。

クメール料理

本書でも一部を紹介していますが、タイ料理よりも辛くなく、ベトナム料理ほど香草を使わないので、日本人には馴染みやすい料理といえます。主食は米で、たんぱく質は魚と鶏が基本です。欠かせないのが、小魚を塩漬けにして発酵させたプラホック（塩辛）とトゥック・トレイ（魚醤）です。甘みと酸味のきいた料理が多く、サトウヤシから作るヤシ砂糖とトゥック・トレイで味付けすると濃く甘い味わいになります。レモングラスをよく使うので、暑い日でもさっぱりとたべられます。

クイティウは国民的朝食メニューで、豚骨やスルメでだしを取った米のスープ麺です。豚ひき肉入り、牛肉、牛肉団子など色々な具を選べます。通称スイカご飯もカンボジアの国民食で、スイカと白米にアモックという雷魚のような淡水魚の干物を合わせて食べます。何とも不思議な味がします。また、アモックのココナッツミルク蒸しは、まろやかでクリーミーな味わいが癖に

クメール料理の数々。休日には家族や友人と川沿いの屋台で昼食後、ハンモックで昼寝をするのがカンボジア流

定番料理のアモック

なります。

デザートとして「かぼちゃプリン」が有名です。大きめのカボチャの芯をくりぬき、ココナツミルクと卵液を上から注ぎ、中火で1時間半ほど蒸して、切り分けて食べます。日本語のカボチャの語源はカンボジアといわれます。15世紀頃にカンボジアを訪れたポルトガル人が日本に持ち込んだのがきっかけで、この果菜をカボチャと呼ぶようになったそうです。

投資

カンボジアの投資利回りは他国と比べてもかなり高いといえます。カンボジアの通貨はリエルですが、流通通貨がUSドルなのでドル高の恩恵もありました（この先どうなるかはわかりませんが）。

投資先としては不動産（外国人は2階以上のコンドミニアムのみ購入可能で土地付き住宅は購入不可）がはじめやすいといえます。プノンペン郊外だと4万ドルぐらいからなので、日本と一桁違います。2015から2018年に購入した3万ドルのコンドミニアムは5年で倍になるといわれていました。コロナの3年間で経済は落ち込みましたが、それでも2023年には1・5倍で取引されました。2019年までの賃貸利回りは10％でした。

本書執筆時点では、1ベッドルームのコンドミニアムはプノンペン郊外の物件で5万USD、中心部では8万USDほどで流通しています。賃貸利回りは5～6％といったところです。戸建て住宅はプノンペン郊外で5万ドルから購入できます。

プノンペン以外の都市ではかなり安い金額で土地が販売されています。残念ながら外国人は購入できませんが、100㎡で2000ドルとは日本の土地価格からすると驚きです。

余談ですが、カンボジアは住宅よりも車のほうが高い国です。トヨタのSUVは7万6000ドル、アルファードは16万ドル、ランドクルーザーは20万ドル近くします。

2023年7月時点のUSDの銀行金利は5年定期で7%ほどでした。銀行によりますが、3か月ごとに普通預金口座に金利が入金されるところもあります。金利収入への課税は居住者が6%、非居住者が14%とかなり低く抑えられています。税金は源泉徴収なので現地申告の必要はありません。仮に年間生活費が2万USドル（月1666USD）と仮定すると、税引後の金利を考えても約28万USドル（約3600万円）預金すれば金利だけで生活できる計算になります。2018年の定期預金は5年定期で8%台でしたからあまり大きな変動はありません。

シェムリアップから約1時間。国道6号線沿いの土地

販売されている区画

宿泊体験もできる

カンボジアの銀行としては、三井住友銀行やオリックスといった外国企業が出資しているアシレダ銀行は安定感があります。日本人が常駐している銀行は、私の知る限りアシレダ銀行とPPCbankの2行です。

カンボジアでは投資先がいろいろありますし、日本ではあり得ない高利回りのものも多くあります。ただし、金利や配当、滞在ビザも含めルールが変わることもありますから、注意は必要です。

おわりに

クメール王国巡礼の旅はいかがだったでしょうか？　海外に行かず、本や動画サイトで巡礼気分を味わう方もおいででしょう。本書が少しでもカンボジアやクメール王国を知るきっかけになればと願っています。また、巡礼を目的として編集したために記載しませんでしたが、カンボジアには、他にもたくさんの遺跡や観光地があります。クラチエの川イルカ・ツアー、カンボジアを代表するビーチリゾートであるシアヌークビル、キリロム国立公園、首都プノンペン、ラオス国境の大自然が残る辺境の地ラタナキリ、タイとの国境の町ポイペトなど、数年で全てを訪問することは相当難易度は高いです。ただし、地方への巡礼時には、まだ断片的に地雷の残っている場所があります。密林の遺跡を訪れるときは極力石の上を歩くか、道になっている所を歩くようにしてください。

日本で真言密教を広めた空海は42歳（８１６年）の時、四国霊場八十八か所を開創しました。日本有数の巡礼地となった四国遍路の冊子には、次のような言葉があります。

「あなたの願い事は成就します」「世のために、自分を大きく生かしたい」とお願いしてください。その願いこそ、私たちが生まれてきた理由です。この体は借り物です。自分のことだけを祈るのでは決して霊験はありません。

自分のためだけにこの一生があるのではなく、人のために役立つためにこの体がある。この体が健康に動く限り、最後の瞬間まで、仏様に代わって働く。その誓いが、私たちを仏様やお大師さんに近づけてくれるのです。

私は、この言葉を毎日かみしめて、どのように人の役に立てるかを考えて行動したいと考えています。巡礼体験を通して、自分自身の「最高の人生とは何か」を考えてみたいのです。心の環境を整えるとともに、日々感謝し、世界の共通する問題に対してなにか力を貸すことができれば最高の人生ではないかと考えます。

私は今「感謝ノート」を書いています。日記とちがい毎日書くのではなく、誰かに感謝した時、していただいた時にだけ書くノートです。これがやってみるとなかなか埋まりません。クメール正月に、自作したお年玉袋を自宅周辺の人に配ったことがあります。お年玉袋をもらう習慣のないカンボジアの人はたいそう驚いていましたが、中を開けるとみんな笑顔になりました。袋にはクメール語で「あけましておめでとうございます」と書きました。

私は50歳になった時に「50歳代でやりたいことリスト20」を作りました。他愛のないことです。「砂漠の夕日をみる」とか「大勢の前でサックスを吹く」みたいな内容です。半分も達成できませんでしたが、60歳になった時に「死ぬまでにやりたいことリスト」に名前を変更しました。その中に「感謝ノートを2冊書く」というのがあります。これまた漠然とした目標で達成できるかはわかりませんが、「死ぬまでにやりたいことは何か?」「人々から感謝されるには何をしたらよいか?」。そんなことを考えながら、新型コロナで大変な時期に助けてくれた日本の皆さんやカンボジア人の皆さんに感謝しつつ、筆を置きます。いつかカンボジアのどこかでお目にかかれることを願って。

参考文献
『カンボジア 密林の五大遺跡』石澤良昭／三輪悟　連合出版
『アンコール遺跡とカンボジアの歴史』フーオッ・タット／今川幸雄（訳）　めこん
『アンコール・ワット』石澤良昭　日本テレビ放送網
『アンコール・王たちの物語』石澤良昭　NHK出版

著者紹介

大人の巡礼倶楽部

東南アジア在住歴13年。2010年よりベトナム、カンボジア、マレーシアを拠点に、日本人の移住先としてベトナム、カンボジアの不動産を紹介する傍ら、「大人の巡礼倶楽部」を立ち上げ、東南アジアと日本各地の遺跡、聖地への巡礼を続けている。リタイア後の第二の人生を迎えた人たちを中心に、巡礼を通して世界的な社会問題を解決するための取り組みを行っている。
HP：https://otonanojyunreiclub.com/
YouTubeチャンネル：「大人の巡礼倶楽部」

クメール王国巡礼60か所　アンコール遺跡の謎を追う

2024年 4 月30日　初版第 1 刷発行

著　者　大人の巡礼倶楽部
発行者　渡辺弘一郎
発行所　株式会社あっぷる出版社
〒101－0065 東京都千代田区西神田 2－7－6
TEL 03－6261－1236　FAX 03－6261－1286
http://applepublishing.co.jp/
装　幀　クリエイティブコンセプト
組　版　Katzen House　西田久美
印　刷　モリモト印刷